Guía para el docente y solucionarios

Panadería y bollería

Editado por: IC Editorial
c/ Cueva de Viera, 2, Local 3
Centro Negocios CADI
29200 Antequera (Málaga)
Teléfono: 952 70 60 04
Fax: 952 84 55 03
Correo electrónico: iceditorial@iceditorial.com
Internet: www.iceditorial.com

**Guía para el docente y solucionarios:
Panadería y bollería**

1ª Edición

© IC Editorial 2026

ISBN: 979-13-7027-177-0
Depósito Legal: MA 492-2026

Impresión: PODiPrint
Impreso en Andalucía - España

Índice

Bloque 1
Guía para el docente: técnicas de enseñanza y aprendizaje

1. Introducción	7
2. El programa de formación	7
3. Factores determinantes de la efectividad de la comunicación en el proceso de enseñanza-aprendizaje	10
4. La comunicación verbal y no verbal en el proceso instructivo	12
5. Técnicas de secuenciación de contenidos	20
6. La selección y planificación de estrategias didácticas	21
7. La selección y planificación de medios y recursos didácticos	22
8. La planificación de la evaluación del proceso de enseñanza-aprendizaje	24
9. El seguimiento formativo	25
10. Instrumentos para el seguimiento	27
11. Metodología de la evaluación del diseño de formación	30

Bloque 2
Solucionarios de ejercicios de repaso y autoevaluación

Solucionario 1
Almacenaje y operaciones auxiliares en panadería y bollería — 47

Solucionario 2
Elaboración de productos de panadería — 61

Solucionario 3
Elaboración de productos de bollería — 119

Solucionario 4
Elaboraciones complementarias en panadería y bollería — 175

Solucionario 5
Decoración de productos de panadería y bollería 187

Solucionario 6
Envasado y presentación de productos de panadería y bollería 199

Solucionario 7
Seguridad e higiene en un obrador de panadería y bollería 209

Bloque 1
Guía para el docente: técnicas de enseñanza y aprendizaje

Contenido

1. Introducción
2. El programa de formación
3. Factores determinantes de la efectividad de la comunicación en el proceso de enseñanza-aprendizaje
4. La comunicación verbal y no verbal en el proceso instructivo
5. Técnicas de secuenciación de contenidos
6. La selección y planificación de estrategias didácticas
7. La selección y planificación de medios y recursos didácticos
8. La planificación de la evaluación del proceso de enseñanza-aprendizaje
9. El seguimiento formativo
10. Instrumentos para el seguimiento
11. Metodología de la evaluación del diseño de formación

1. Introducción

El presente capítulo está destinado a ofrecer al cuerpo docente responsable de la enseñanza del programa de cualificaciones profesionales y certificados de profesionalidad, una guía metodológica para obtener el máximo rendimiento de los contenidos formativos que han sido desarrollados para el presente título.

La mejora de las habilidades comunicativas y la aplicación de una metodología contrastada de enseñanza, aprendizaje y evaluación permitirá transmitir el conocimiento y adquirir el programa formativo de la forma más efectiva y práctica posible.

Estudiaremos cuáles son los principales elementos que forman parte de la comunicación profesor-alumno, a través de una cuidada selección de sistemas de planificación de estrategias didácticas, así como la utilización de medios y recursos didácticos.

La integración de todas las actividades planificadas alrededor de un plan de formación adaptado e individualizado, aumentará además la satisfacción del alumnado por la utilización de un sistema no lineal e interactivo que se retroalimenta gracias a la relación establecida entre la propia metodología y los actores que forman parte de la enseñanza.

2. El programa de formación

Una de las claves del éxito de la mayoría de las actividades que se realizan en general, y concretamente en la formación, es la **programación.** Es necesaria la programación de las acciones formativas, para que así se pueda alcanzar el objetivo final, es decir, que el alumno obtenga una buena capacitación y adquiera nuevos conocimientos en su repertorio y que, después, sea capaz de emplearlos en su trabajo.

2.1. Definición de programación

Cuando se habla de **programación,** se pueden encontrar multitud de definiciones. Para sintetizar, se podría definir como la actividad de enunciar lo que se quiere hacer (objetivos, contenidos, métodos, temporalización, medios y recursos didácticos y evaluación).

 Definición

Programación
Es un plan donde se establecen las acciones que se van a realizar en un proceso de enseñanza-aprendizaje, por medio de un formador o un equipo.

A continuación, se va a describir una serie de características que tiene que tener una programación didáctica:

- Dinámica. Una programación no es estática ni está acabada, siempre está en constante revisión, de ahí su dinamismo. Además va cambiando o evolucionando según los resultados de la evaluación continua que se va realizando durante la ejecución de la acción.
- Flexible. Esta característica permite que se puedan hacer cambios, ampliaciones, reducciones y actualizaciones de los contenidos y actividades programadas, según las necesidades que se observen.
- Creativa. La programación como es un diseño propio y exclusivo, exige creatividad y originalidad. El docente es el que decide sobre el quehacer en el aula teniendo en cuenta las características del grupo, las necesidades que se pretenden satisfacer y las propias posibilidades.
- Prospectiva. La programación consiste en hacer un pronóstico de la interacción que se va a producir en el aula.

- Sistemática. La programación es un proceso sistematizador que da coherencia a la acción formativa, ya que tiene en cuenta todos los elementos (objetivos, contenidos, métodos, temporalización, medios y recursos pedagógicos y evaluación) que intervienen en el acto educativo y analiza sus relaciones.
- Integradora. Permite integrar elementos de cualificación técnico-profesionales con elementos de cualificación personal de alumnado.
- Funcional. Toda programación debe basarse en el perfil profesional de la ocupación y estructurar los contenidos formativos que proporcionan las competencias de ésta.

2.2. Elementos de la programación

Antes de empezar cualquier programación formativa, es necesario tener en cuenta los datos obtenidos del análisis de la ocupación y del grupo al que se dirige la acción formativa. A partir de esta información, se determinan los elementos que van a conformar la programación.

Cuando se realiza la programación de un curso, hay que plantearse previamente las siguientes preguntas:

1. ¿Qué quiero conseguir con la formación?	**OBJETIVOS**
2. ¿Qué conocimientos deben asimilar los alumnos para alcanzar los objetivos propuestos?	**CONTENIDOS DEL CURSO**
3. ¿Cómo trabajamos en el aula? ¿Qué actividades son las que realizamos?	**MÉTODOS DE ENSEÑANZA**
4. ¿Cuánto tiempo tengo y cuánto dedico a cada módulo?	**TEMPORALIZACIÓN**
5. ¿Qué medios y recursos didácticos se necesitan para poder llevar a cabo esas actividades?	**MEDIOS Y RECURSOS DIDÁCTICOS**
6. ¿Cómo sabemos que se ha producido el aprendizaje?	**EVALUACIÓN**

3. Factores determinantes de la efectividad de la comunicación en el proceso de enseñanza-aprendizaje

En toda comunicación que se produzca en el proceso de enseñanza-aprendizaje, existen factores determinantes que obstaculizan o refuerzan este proceso.

3.1. Obstáculos de la comunicación

Relacionados con el emisor

- No expresar de forma clara qué mensaje se quiere transmitir.
- Comentar algo a lo largo de la explicación que no sea lo correcto y pueda resultar desagradable.
- Cambiar el tema de conversación.
- Desviarse del tema que se está tratando.
- No mirar al receptor cuando se quiere expresar algo.
- No estar atento a las señales que emite el receptor.
- Expresar alguna idea a través de los gestos que no se corresponda con la idea a comunicar.

Relacionados con el receptor

- No comprender las ideas que quiere expresar el emisor.
- No pedir explicación al emisor de aquella información que no le haya quedado clara.
- Interrumpir al emisor cuando está hablando.
- Captar algo diferente a lo que el emisor desea transmitir.

Relacionados con el mensaje

- Mensaje confuso.
- Mensaje muy corto.
- Mensaje muy extenso.
- Abuso de muletillas.
- Utilización de frases sin terminar.
- Dar "rodeos" para decir la idea principal.

Relacionados con el contexto

- No ser el momento adecuado para transmitir algo.
- No saber escoger el lugar oportuno.
- La presencia de ruidos y de interferencias.
- No pensar en las personas que están cerca.

Relacionados con el código

- No utilizar el mismo código que la persona con la que se habla o a la que se escucha.
- No adaptar el vocabulario a la situación o a la persona con la que se conversa.
- Utilizar el doble sentido.

3.2. Sugerencias para el mejor funcionamiento de la comunicación

Emisor

- Acostumbrarse a planificar la comunicación.
- Concretar visiblemente los objetivos.
- Buscar la retroalimentación en la comunicación.
- No tratar de impresionar al receptor.

Mensaje

- Que sea claramente entendido por el receptor.
- Que la terminología usada sea de referencia común.
- Que reclame la atención y el interés del alumnado.
- Que sea sencillo de interpretar.
- Que su contenido sea adecuado y convincente.
- Que produzca el máximo efecto posible.

Canal

- Que sea el más apropiado al grupo al que se dirige, al contenido del mensaje y al objetivo que persigue el formador.
- Que sea el que cause mayor impacto en el receptor.
- Que sea el más eficaz.
- Que sea el que mejor domine el formador.

4. La comunicación verbal y no verbal en el proceso instructivo

Los medios de comunicación pueden agruparse en dos grandes bloques: los **medios verbales,** que son aquellos que usan la lengua como código comparti- do; y los **medios no verbales,** que son los que se fundamentan en otros códigos simbólicos. A su vez, dentro de los medios verbales, están el medio escrito y el medio oral.

Cada uno de estos medios tiene sus ventajas y sus inconvenientes, por lo que la selección del medio deberá tener en cuenta las circunstancias y carac- terísticas que en cada caso presenta el comunicador, la audiencia y el mensaje que se ha de transmitir.

4.1. Los medios verbales

La comunicación verbal

La comunicación verbal se utiliza para comunicar ideas o dar información, opiniones, expresar o describir sentimientos, etc. Sirve de vehículo a los con- tenidos explícitos del mensaje. Para garantizar la efectividad de la comunica- ción, es necesario que el mensaje se presente de forma descriptiva y operativa, pero siempre teniendo muy en cuenta el código común del grupo al que va dirigida esta comunicación.

Un uso correcto del lenguaje oral ayuda a acercarse más a los alumnos. Los principales aspectos a considerar son los que aparecen a continuación.

Construcciones gramaticales

El objetivo será transmitir el mensaje de la manera más clara posible. Se deben evitar los giros rebuscados, la sintaxis complicada y las metáforas. En las explicaciones y conversaciones debe primar el contenido sobre la forma.

Vocabulario

Es importante saber qué palabras van a expresar mejor los conceptos que se desean transmitir y las que pueden ser comprendidas mejor por los alumnos. El análisis previo de los alumnos ayuda a saber qué términos técnicos se pueden utilizar sin problemas, cuáles se tienen que explicar y cuáles se deben evitar.

En general, siempre hay que mantenerse dentro de un lenguaje formal, evitando los vocablos demasiado coloquiales, las palabras extranjeras, las referencias académicas y expresiones de carácter religioso, político, deportivo o cultural, que pueden resultar agresivas para los alumnos.

Ejemplos

Los conceptos abstractos que pueden aparecer y que dificultan la adquisición de los contenidos, tienen que ser expresados mediante las explicaciones del formador, siempre apoyándose en la visualización.

La comunicación escrita

La comunicación escrita posee un carácter más veraz que la oral. La interacción que tiene lugar entre el emisor y el receptor no es inmediata, en algunas ocasiones no llega a producirse jamás. Este tipo de comunicación ofrece más oportunidades expresivas y mayor complejidad gramatical, sintáctica y léxica. También hay que tener en cuenta que a veces dificulta la expresión y/o puede no proporcionar *feedback* de manera inmediata.

4.2. Los medios no verbales

Al igual que las palabras, los elementos de la comunicación no verbal son signos que representan una idea (se excluyen todos los signos lingüísticos).

A diferencia de la comunicación verbal, su función no se centra sólo en la transmisión de contenido, sino que traspasa esa frontera para expresar también las emociones del emisor, controlar la interacción y proporcionar *feedback* del efecto que el mensaje produce en el receptor. Todas estas funciones son muy útiles para el formador, tanto en su tarea de transmisor de conocimientos como en la tarea de motivar y dirigir al grupo.

A continuación, se detallan las diferentes categorías en las que se agrupan los elementos de la comunicación no verbal.

Kinesia

Posturas

Una de las primeras cosas que el formador debe transmitir a sus alumnos es confianza y seguridad, lo que puede conseguirse a través de una postura erguida (sin llegar a ser arrogante), de pie, apoyándose sobre los dos pies y manteniendo la cabeza alta.

Esta postura es útil, especialmente durante la presentación del curso, porque ayuda a relajar el cuerpo, a facilitar la respiración y a controlar las muestras de nerviosismo, al tener un buen apoyo en el suelo.

A medida que avanza el curso, se pueden adoptar otras posturas que faciliten el descanso (apoyarse), el acercamiento (echar el cuerpo hacia delante) o que resten protagonismo (sentarse).

Gestos

Los gestos son un buen aliado del formador, excepto cuando éste se siente incómodo o nervioso. Gestos de carácter adaptador, como rascarse o colocarse la ropa, pueden delatar su estado emocional.

La mayoría de los gestos cumplen la función de reforzar el mensaje verbal (ilustradores), aunque existen otros cuya función es regular las intervenciones cuando se dirige una discusión de grupo.

Expresiones faciales

Las expresiones de la cara transmiten las emociones y permiten obtener fácilmente una respuesta del alumno.

Una expresión facial agradable, como una sonrisa no forzada, facilita la creación de un ambiente relajado en el aula. Una sonrisa puede ser muy útil también para romper la tensión que inevitablemente surge en algunas sesiones.

Mirada

La mirada, junto con la postura, es uno de los mejores métodos para transmitir confianza (en momentos de nerviosismo se tiende a apartar la vista) y para captar la atención de los alumnos.

Mientras el formador habla debe mantener la mirada sobre los alumnos la mayor parte del tiempo, mirándolos el tiempo suficiente como para que se sientan atendidos pero no incómodos. También se puede utilizar la mirada durante las discusiones de grupo, con una función reguladora de las distintas intervenciones.

Desplazamientos

Realizar desplazamientos en el aula capta la atención del alumnado, además de facilitar el contacto visual. Hay que procurar que no sean repetitivos o bruscos (pasear cerca de los alumnos), y cambiar de un recurso a otro (ir de la pizarra al retroproyector), etc.

Recuerde

Los recursos no verbales que estudia la Kinesia son:

▌ Posturas.
▌ Gestos.
▌ Expresiones faciales.
▌ Mirada.
▌ Desplazamientos.

Estos recursos pueden utilizarse tanto para reforzar lo que se expresa mediante la comunicación verbal como para sustituirlo.

Proxémica

El aspecto de la proxémica que más interesa es la proximidad física entre los individuos, ya que los alumnos pueden sentirse violentos si el formador se aproxima excesivamente a ellos o, por el contrario, verle distante si no se acerca.

Se debe prestar atención a este aspecto, tanto durante las intervenciones como al distribuir el espacio del aula que se va a emplear, evitando siempre que los asientos estén demasiado juntos o demasiado separados.

Paralingüística

Para captar la atención del público, los oradores suelen hacer uso de determinados aspectos como el tono de voz o las pausas, que en algunos casos pueden parecer exagerados.

El formador, aunque emplee el método de la lección magistral, no es un orador y, por tanto, no debe prestar especial atención a estos aspectos, excepto cuando le plantean algún problema, debido a la ansiedad, al cansancio o a un mal estado de salud. Practicar en voz alta y realizar grabaciones durante la fase de preparación puede ayudar a vencer estas dificultades.

Volumen

Aunque el aula sea pequeña, se tiene que realizar el esfuerzo de hablar lo suficientemente alto para que todos los alumnos oigan las explicaciones y, a la vez, transmitir confianza. En general, el volumen se ajustará instintivamente cuando se compruebe dónde se sitúa la persona que se encuentra más alejada.

Entonación

El problema más frecuente, especialmente si se está cansado, es la monotonía, que no contribuye a captar la atención ni a motivar a los alumnos.

El interés que el formador muestre por el tema y una correcta preparación le hará destacar los puntos clave y jugar con la entonación de una forma adecuada a lo largo de toda la exposición.

Pronunciación

Los problemas se presentan especialmente cuando se está nervioso o se habla demasiado rápido. Se debe hacer un esfuerzo por articular todas las palabras de manera limpia y clara, abriendo la boca lo suficiente para pronunciar correctamente las sílabas, consonantes y vocales.

Velocidad

Una velocidad correcta puede ayudar a resolver problemas de pronunciación y de entonación. Se debe hablar a una velocidad normal o algo superior, para facilitar el mantenimiento de la atención. No obstante, si se está nervioso, se puede hablar con mayor lentitud para facilitar la respiración y relajarse. También se debe reducir la velocidad cuando se expliquen conceptos técnicos complejos o cuando se espere alguna respuesta por parte de los alumnos.

Recuerde

Los elementos que trata la Paralingüística son:

▌ El volumen.
▌ La entonación.
▌ La pronunciación.
▌ La velocidad.

Proyección física

Existen determinados factores que, sin que la persona diga ni haga nada, transmiten información y hacen referencia a la imagen física que esta persona proyecta.

Es fundamental que el formador transmita una imagen positiva para los alumnos. Se debe cuidar el aspecto externo y los artefactos que se usen, como los adornos y prendas de vestir. La manera adecuada de vestir depende de la situación y siempre debe estar en consonancia con lo que cada colectivo de alumnos espera del formador.

Ejemplo

Sería negativo vestir pieles para impartir un curso cuyo objetivo fuese desarrollar actitudes positivas hacia la protección del medio ambiente.

En cualquier caso, se debe llevar ropa que resulte cómoda, bien cuidada y no demasiado llamativa. A los adornos y al peinado se aplican las mismas reglas que al vestido.

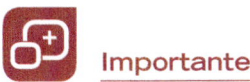

Importante

Un objetivo fundamental del formador es dirigir la atención de los alumnos hacia el contenido que está desarrollando, nunca hacia su persona.

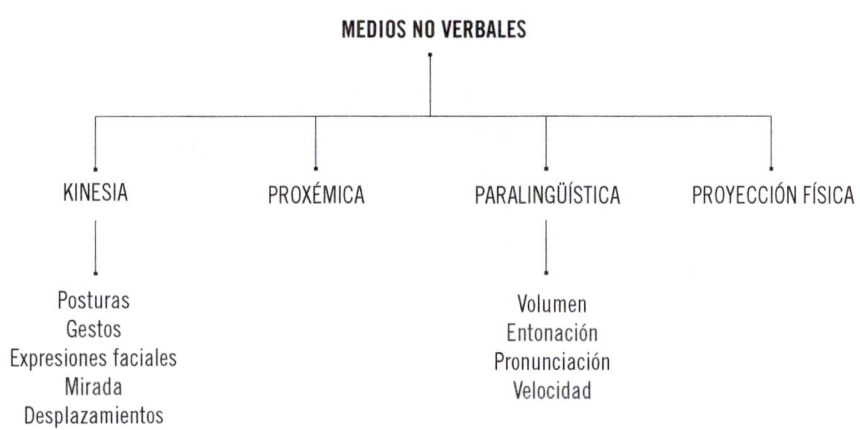

Finalmente, conviene recordar que si el formador observa atentamente la comunicación no verbal que expresan los alumnos, obtendrá una gran cantidad de información.

Hay numerosos signos no verbales que puede mostrar el alumno:

- **Atención:** posturas del cuerpo (inclinado hacia delante, hacia atrás...).
- **Necesidad de hablar:** movimientos sutiles de la boca, de la mano, etc.
- **Irritación:** movimiento de pies, manipulación de objetos sobre la mesa, etc.

- **Concentración:** tomar apuntes, mirar al docente, etc.
- **Cansancio:** cuerpo hundido, suspiros, etc.
- **Inercia:** silencios de todo el grupo, etc.
- **Desinterés:** cerrar el cuaderno, bostezar, mirar al vacío, etc.
- **Sorpresa:** levantar los brazos, abrir la boca, levantar las cejas, abrir los ojos, etc.

Si se observan estos elementos de forma atenta, se podrá obtener información sobre la comprensión del mensaje y el estado emocional de los alumnos, lo que será de gran utilidad para el formador durante el curso.

La comunicación no verbal aporta información al formador sobre los alumnos

5. Técnicas de secuenciación de contenidos

Una vez seleccionados los contenidos, hay que ordenarlos secuencialmente. La **secuenciación y estructuración de los contenidos** es el proceso que permite situarlos en una configuración que produce el máximo aprendizaje en el mínimo tiempo posible.

Algunas de las técnicas para la secuenciación de contenidos son las siguientes:

- Que los contenidos estén de acuerdo con los objetivos propuestos y con los plazos previstos para conseguirlos.

- Empezar por los contenidos más próximos y significativos para el alumno, para llegar poco a poco a lo desconocido. De esta manera, resultará más fácil introducir los nuevos contenidos.
- Ir de lo inmediato a lo remoto.
- Ir de lo concreto a lo abstracto.
- Ir de lo más fácil a lo más difícil. Esto motiva al alumnado porque le va mostrando los avances de manera rápida.

Las principales ventajas que este proceso conlleva son:

- Ayuda al participante a pasar de un conocimiento o habilidad a otro.
- Garantiza que los conocimientos y habilidades previas son alcanzados antes de introducir elementos nuevos.
- Reduce el tiempo de formación.
- Evita la confusión y los fallos en el participante.

Estos puntos son los principales aspectos a tener en cuenta cuando se realiza la presente fase de la programación de la formación, es decir, cuando se fijan los contenidos de la formación.

6. La selección y planificación de estrategias didácticas

Las personas que realizan un curso de formación son diversas, por ello es muy importante que las estrategias didácticas se adapten, de la mejor forma posible, al contexto y permitan una flexibilidad.

 Definición

Estrategias didácticas
Son procedimientos que el formador emplea para facilitar el aprendizaje, con la intención de que éste sea significativo.

Tras la selección y estructuración de contenidos, llega el momento de decidir la modalidad de formación a seguir y la metodología a utilizar en su impartición. Pero esta decisión no se puede tomar arbitrariamente, sino que ha de basarse en unos criterios. Los criterios de decisión básicos para determinar qué estrategia y qué método de formación es el adecuado, son:

- La compatibilidad con los objetivos.
- Los principios generales del aprendizaje del adulto: individualización, motivación, utilidad, practicidad, intereses, etc.
- Los principios de rigor, realismo y participación.
- El carácter eminentemente aplicativo de los aprendizajes.
- La posibilidad de transferir los aprendizajes al puesto de trabajo.
- Los recursos disponibles, incluido el tiempo.
- Los factores relacionados con los participantes, como el estilo de aprendizaje, la edad, el tamaño del grupo, la motivación, etc.

Una vez escogido el método, se observa que ninguno es químicamente puro, sino que unos participan de otros. Por lo demás, todo método puede ser adecuado o inadecuado dependiendo del modo en que sea empleado.

Los formadores deben utilizar los métodos flexiblemente, de la forma que mejor se adapten al estilo de formación, a la materia y a los alumnos, complementando cada método con la técnica y recurso didáctico más acorde.

7. La selección y planificación de medios y recursos didácticos

Para realizar cualquier acción formativa, hace falta algo más que elegir y aplicar unos métodos y unas técnicas. Son necesarios los medios y recursos didácticos, que van a ayudar a desarrollar la metodología seleccionada en el aula. Los medios y recursos didácticos permiten el trasvase de información formador-alumno.

 **Definición**

Medios didácticos

Son materiales elaborados para facilitar los procesos de enseñanza-aprendizaje.

Recursos didácticos

Son soportes mediante los cuales se presentan los contenidos del curso a los alumnos.

A la hora de escoger el medio o recurso a utilizar, se deben tener en cuenta los siguientes criterios:

- **Características de la materia o tema.** Dependiendo de la naturaleza de los contenidos, éstos pueden ser transmitidos por unos u otros métodos.
- **Los objetivos del curso.** Toda selección de medios y estrategias de enseñanza deben realizarse en función de éstos.
- **La disposición del aula y el número de alumnos.** Hay que tener cuidado, sobre todo en la visibilidad de alguno de los recursos, porque pueden perder eficacia.
- **Tiempo disponible para la formación.** Este elemento tiene que estar siempre presente, porque, en función del tiempo que se tenga, se elegirá lo que se adapte mejor a las necesidades.
- **Recursos disponibles,** ya que en algunas ocasiones están a nuestro alcance.
- **El uso que se haga de ellos,** cuál es la finalidad, qué es lo que se pretende y en qué momento se van a utilizar.
- **El nivel de conocimiento de los alumnos** sobre el tema.

Todos estos puntos se han de tener en cuenta a la hora de escoger un medio o recurso didáctico. La finalidad de éstos no es otra que la de fundamentar, apoyar y reforzar el acto formativo.

8. La planificación de la evaluación del proceso de enseñanza-aprendizaje

La aplicación de programas de formación lleva a la obtención de unos determinados resultados. Éstos serán los frutos de la formación y mostrarán el grado de eficacia y eficiencia con que se lleva a cabo la función formativa.

Los resultados indican el éxito de la formación mediante su contraste con los objetivos fijados anteriormente. Este procedimiento recibe el nombre de **evaluación,** proceso ampliamente conocido y con trascendencia reconocida para la formación. Según el proceso de evaluación aplicado, los resultados obtenidos serán reales y fiables, o bien, falseados.

Para que los resultados de la evaluación muestren con certeza el grado de éxito alcanzado con la formación, es necesario un requisito previo: el establecimiento de criterios de evaluación durante el proceso de planificación de la formación. Los criterios actúan como puntos de referencia, a partir de los cuales se valoran los resultados obtenidos.

Los criterios de evaluación han de fijarse con mucha atención, ya que determinan el proceso de evaluación, y éste juzga el grado de éxito de la función formativa.

El primer aspecto a tener en cuenta es la validez: los criterios de evaluación han de ser válidos en relación a los elementos del proceso formativo.

Los aspectos que determinan el grado de validez de los criterios de evaluación son:

- La relevancia.
- La no deficiencia.
- La no contaminación.
- Su fiabilidad.

El establecimiento de criterios válidos y fiables permitirá elaborar un proceso de evaluación de la formación que mida rigurosamente la eficacia y la eficiencia de la función formativa.

9. El seguimiento formativo

El seguimiento es un proceso continuo que sirve para evaluar la eficacia del uso de los recursos y para saber qué iniciativas se pueden emprender para mejorar el aprovechamiento de los recursos formativos.

El seguimiento, además de realizarse después de haber finalizado la planificación formativa, también se realiza antes de la acción.

9.1. Características

El seguimiento formativo permite evaluar los distintos componentes (desde los alumnos hasta todos los elementos que forman la programación) que intervienen en él durante todo el proceso de formación.

El seguimiento formativo se diferencia de la evaluación en que éste tiene que ver más con tareas organizativas, de coordinación, administrativas, etc.; sin embargo, la evaluación valora aspectos de los procesos de formación, como pueden ser la comunicación, el aprendizaje de los nuevos conocimientos, etc.

Con la realización adecuada de un seguimiento formativo:

- Se pueden **descubrir errores o desajustes** en el proceso de enseñanza-aprendizaje antes de que se realice la evaluación final para comprobarlos.
- Se pueden **corregir los errores** en el momento en el que se están produciendo.
- Además, **se detectan los aspectos positivos** que tienen lugar a lo largo de todo el proceso y las **posibles mejoras** que se pueden realizar.

El seguimiento formativo tiene que ser realizado por todas las personas que están implicadas en la realización de los cursos de formación (tutores, coordinadores, técnicos, etc.), por ello, el formador es una figura importante en el proceso de formación, ya que se encuentra implicado en él.

El proceso de formación debe estar planificado, pensado y planteado antes de que empiece la acción de formación, nunca debe llevarse a cabo de manera cerrada, sino que tiene que estar abierto a cualquier cambio que se considere necesario.

9.2. Finalidad

Son varias las finalidades que persigue el seguimiento formativo:

- Ayudar a comprender por qué ocurren algunas cosas y qué se puede hacer para intervenir en ese proceso que se está llevando a cabo.
- Identificar y solucionar los problemas que surgen a lo largo del proceso.
- Contribuir para elaborar planes de formación de manera objetiva, sin desviarse de la finalidad éste.
- Colaborar en la disminución y control del uso de los recursos materiales.
- Determinar el nivel que puede alcanzar el rendimiento y relacionarlo con el rendimiento actual.
- Diagnosticar y detectar problemas para llevar a cabo las acciones correctivas pertinentes.

9.3. Planificación

El seguimiento formativo debe planificarse antes y durante la acción formativa.

El objetivo de este seguimiento es comprobar la eficacia de la acción formativa antes de que ésta llegue a su fin, es decir, es necesario que durante este proceso todos los elementos que van a formar parte del aprendizaje estén planificados.

Los dos momentos que hay que tener en cuenta para planificar el seguimiento formativo son:

- **Antes de la acción formativa:** es necesario conocer las necesidades, el perfil del alumno, qué materiales, instrumentos, recursos, medios didácticos se van a usar.

■ **Durante la acción formativa:** aquí el seguimiento se utiliza para comprobar los posibles errores y mejoras que se pueden llevar a cabo. Ofrece la posibilidad de poder modificar aquellas acciones o medios que dificultan el avance del aprendizaje.

10. Instrumentos para el seguimiento

A lo largo de un ciclo formativo pueden suceder errores y surgir problemas, esto abarca desde la identificación de necesidades hasta la planificación, el diseño, la implantación y la evaluación. Por todo esto, es importante saber cuál es la causa del problema y saber tomar las medidas oportunas para que no se origine nuevamente.

Para detectar el origen del problema, siempre se necesita una información determinada, ésta sólo se puede obtener mediante técnicas que ayuden a obtenerlas, es decir, que permitan recabar y analizar los datos obtenidos.

Para el seguimiento del proceso de enseñanza-aprendizaje, se pueden confeccionar diferentes tipos de instrumentos de evaluación, como pueden ser los cuestionarios y utilizar la observación directa, etc., si el tipo de formación lo permite (presencial o semipresencial). Estos instrumentos variarán según el tipo de datos que se quiera conseguir.

Un ejemplo de plantilla para recoger y analizar la información podría ser esta:

CURSO:		1º Módulo	2º Módulo	3ºMódulo
	Suficiente			
	Insuficiente			
Objetivos del módulo	Adecuado			
	Inadecuado			

Continúa en página siguiente >>

<< Viene de página anterior

CURSO:		1º Módulo	2º Módulo	3ºMódulo
Contenidos del módulo	Suficiente			
	Insuficiente			
	Adecuado			
	Inadecuado			
Metodología	Suficiente			
	Insuficiente			
	Adecuado			
	Inadecuado			
Actividades y recursos	Suficiente			
	Insuficiente			
	Adecuado			
	Inadecuado			
Recursos materiales	Suficiente			
	Insuficiente			
	Adecuado			
	Inadecuado			
Recursos humanos	Suficiente			
	Insuficiente			
	Adecuado			
	Inadecuado			
Proceso de evaluación	Suficiente			
	Insuficiente			
	Adecuado			
	Inadecuado			
Nivel de satisfacción del alumnado	Suficiente			
	Insuficiente			
	Adecuado			
	Inadecuado			

Para el seguimiento del aprendizaje, como la información que se obtiene es de diferente índole, se recogerá mediante la aplicación de las técnicas seleccionadas y elaboradas para la evaluación de cada uno de los aspectos planteados (observación directa de los trabajos, participación, cuestionarios acerca de la motivación y satisfacción del alumnado, etc.).

Por ejemplo, los contenidos que se podrían incluir en la "parrilla" de análisis son los siguientes:

CURSO		1er Módulo	2º Módulo	3er Módulo
Conceptos (comprende los contenidos conceptuales)	Con facilidad			
	Con normalidad			
	Con dificultad			
Procedimientos (aplica y desarrolla los contenidos procedimentales)	Con facilidad			
	Con normalidad			
	Con dificultad			
Actitudes (manifiesta las actitudes adecuadas a los contenidos)	Con facilidad			
	Con normalidad			
	Con dificultad			
Motivación y participación	Con facilidad			
	Con normalidad			
	Con dificultad			
Satisfacción del alumno	Con facilidad			
	Con normalidad			
	Con dificultad			

Dos de las herramientas básicas son:

- **Los diagramas de flujo:** éstos sirven para desglosar en forma de componentes, para presentar una clara imagen de lo que ocurre.
- **Los checklists:** éstos son especialmente útiles para garantizar que se han realizado todas las acciones necesarias. Es otro método de ayuda orientado a los formadores y participantes para preparar, utilizar y solucionar los problemas del equipamiento.

Otros métodos de seguimiento y control que pueden ayudar en la formación son:

- Las reuniones formales e informales.
- Pasar un informe de las sesiones, cuestionarios de satisfacción o formularios de evaluación del curso.
- Entrevistas de evaluación.

 **Recuerde**

Algunos de los instrumentos de seguimiento más utilizados son:

| Cuestionario de satisfacción
| Cuestionario de motivación
| Observación directa
| Reuniones formales e informales
| Entrevistas de evaluación

11. Metodología de la evaluación del diseño de formación

Los métodos empleados en la evaluación siempre suelen son los mismos, independientemente de que se evalúen los objetivos, los contenidos, los recursos, etc. A pesar de esto, hay que tener en cuenta que no se deben utilizar todos los métodos que se van a nombrar, sino que todo dependerá de lo que se esté evaluando.

Los métodos más frecuentes son:

- Observación sistemática.
- Observación mediante observadores externos o internos del grupo.
- Análisis de trabajo.
- Entrevistas personales.
- Situaciones de simulaciones.

- Diálogos, debates.
- Cuestionarios específicos.
- Inventarios.
- Grabaciones en vídeo.
- Etc.

11.1. Evaluación de los objetivos

Cuando se diseña el programa formativo, se deben concretar los objetivos que serán objeto de evaluación al finalizar el curso, para comprobar si éstos se han alcanzado o no.

Los objetivos marcan aquellos aspectos claves que debe adquirir el alumno para alcanzar unas competencias determinadas. Éstos determinarán lo que el alumno será capaz de saber y saber hacer al acabar el curso, en unas condiciones dadas y con unos medios determinados.

Si, al finalizar el curso, se observa que los objetivos no se han cumplido en su totalidad, hay que analizar cuál ha sido la causa de este error y corregirlos. Si se han cumplido los objetivos, habrá que determinar los motivos de éxito, para volver a ponerlos en práctica en futuros cursos.

Los objetivos marcados al inicio de la formación sirven para:

- Dirigir la formación, es decir, saber hacia dónde se quiere llegar con ésta.
- Comprobar qué se ha logrado.
- Facilitar la evaluación, ya que se sabe cuáles son los objetivos que hay que evaluar.
- Reorientar la formación en el mismo momento que se está realizando.
- Elegir los métodos más adecuados para la formación.

La evaluación de los objetivos debe medirse atendiendo a:

- **Objetivos generales:** son utilizados para saber cuáles son las competencias generales.
- **Objetivos específicos:** parten de los objetivos generales.

- **Objetivos operativos:** son derivados de los específicos. Son objetivos más concretos y siempre deben estar relacionados con actividades u operaciones determinadas. Son los más fáciles de medir.

 Ejemplo

Objetivos específicos para evaluar un curso de primeros auxilios:

I Aprender los conceptos básicos y generales de los primeros auxilios.
I Adquirir las habilidades y aplicar los principios de actuación para poder reaccionar adecuadamente en situaciones de urgencia.
I Conocer los aspectos jurídicos relacionados.

11.2. Evaluación de los contenidos

La evaluación de los contenidos se realizará para comprobar si los objetivos que se habían marcado al principio de la formación se han logrado, así como para eliminar aquellos contenidos que no aportan nada al curso.

Se debe tener siempre en cuenta que se puede lograr un mismo objetivo de formación utilizando diversos contenidos.

Para evaluar los contenidos, hay que comprobar si se ha seguido una secuencia lógica a la hora de impartirlos. Esta secuencia permite que los contenidos sean adquiridos por los alumnos de una manera más significativa, es decir, facilita el aprendizaje de los mismos.

Para que la evaluación de los contenidos resulte positiva, éstos deben ir expuestos:

- De acuerdo con los objetivos propuestos y con los plazos previstos para conseguirlos.
- De lo conocido a lo desconocido.

- De lo inmediato a lo remoto.
- De lo concreto a lo abstracto.
- De lo fácil a lo difícil.

Otro aspecto a tener en cuenta para que la evaluación de los contenidos sea positiva, es que éstos se deben estructurar adecuadamente, por ejemplo, mediante módulos, unidades didácticas, etc. Éstas tienen que abarcar los conocimientos, las habilidades y las actitudes que capacitan al alumno para poner en práctica las funciones que desempeñará en su puesto de trabajo. Por lo general, se pueden constituir equivalencias entre objetivos generales y cursos, objetivos específicos y módulos, unidades didácticas, etc. así como entre objetivos operativos y sesión formativa,.

 Ejemplo

Siguiendo el ejemplo anterior de primeros auxilios, los contenidos que se evaluarán para comprobar si se han logrado o no los objetivos anteriormente propuestos, son:

I Primeros auxilios: conceptos generales.
I Soporte vital básico (reanimación cardio-pulmonar)-adultos.
I Soporte vital básico-niños.
I Soporte vital instrumental.
I Traumatismos osteoarticulares. Inmovilizaciones (vendajes y férulas improvisadas).
I Movilización de urgencia y posiciones de espera.
I Traumatismos craneales y vertebro-medulares.
I Otras situaciones de emergencia.

11.3. Evaluación de la metodología

La evaluación de la metodología consiste en comprobar que los métodos que se han utilizado son los adecuados para lograr los objetivos formativos, aunque éstos deben ser flexibles a la hora de utilizarlos, ya que deben adaptarse a la materia tratada, a los alumnos, a los recursos disponibles, etc.

Para conseguir que la evaluación de la metodología sea positiva, se deben tener en cuenta las características que se emplean para definir un método. Éstas pueden ser:

- Presentar y mostrar la problemática del tema para que, a través de la reflexión y el esfuerzo, el alumno pueda resolverla.
- Respetar tanto la libertad de expresión como de creación.
- Las actividades que están destinadas al alumno tienen que ser dirigidas por el formador para que el alumno reflexione y participe.
- Motivar al alumno, relacionando los temas con sus intereses, motivaciones y necesidades.
- Organizar los nuevos aprendizajes para que se integren con los ya adquiridos.
- Tener en cuenta las limitaciones y las posibilidades que tiene cada alumno.
- Dar lugar a la acción individualizada a través de tareas que requieran planteamientos y acciones individualizadas.

11.4. Evaluación de actividades y recursos

Las **actividades** son unos elementos que acompañan a los contenidos formativos, ya que éstas refuerzan los contenidos que son expuestos por el formador. Siempre debe existir coordinación entre ambos, para esto se deben seleccionar adecuadamente tanto los métodos como las técnicas.

Para evaluar las diversas actividades que se han desarrollado, hay que formular una serie de preguntas para saber si las actividades han sido eficaces o han fallado en su ejecución. Algunas de estas preguntas pueden ser:

- ¿Qué ha hecho el alumno?
- ¿Ha sabido aplicar los conocimientos necesarios para lograr resolver las actividades?
- ¿Valora y comprende la finalidad de la actividad?
- ¿Ha mostrado interés en la realización de la misma?
- ¿Qué ha aprendido?
- ¿Han sido válidas las actividades?

- ¿Cuáles han fallado? ¿Por qué?
- ¿Se han alcanzado los objetivos?
- Etc.

Junto con las actividades, los recursos también tienen que ser evaluados, ya que de ellos va a depender en cierta manera la eficacia de las actividades. Por eso, en la evaluación de los recursos hay que tener en cuenta la eficacia de aquellos que se han utilizado y cuáles son los que se hubieran necesitado para desarrollar el curso.

Se pueden distinguir varios criterios para evaluar la eficacia de los recursos:

- Su calidad, porque actúa como mediador entre la realidad y la estructura cognitiva del alumno.
- El contexto metodológico, ya que todo va a depender de la metodología usada por el formador.
- Los propios alumnos, sus motivaciones, intereses, etc.
- La experiencia del formador en el manejo de los diversos recursos, sus habilidades, etc.

También es necesario tener en cuenta qué evaluar de los recursos:

- La rentabilidad de éstos.
- El aprovechamiento para distintas finalidades.
- El mantenimiento.
- La actualización, deben adaptarse a las nuevas tecnologías.
- La adecuación al proceso de enseñanza-aprendizaje.
- Posibilitar la acción, estimular y responder a las curiosidades presentes en el alumnado.

11.5. Evaluación del formador

La figura del formador es muy importante a lo largo de todo el proceso formativo, ya que, en cierta manera, el éxito o el fracaso de la formación recae sobre él, por lo tanto, es imprescindible conocer previamente a la persona que va a impartir un curso.

El formador es el mediador entre los contenidos y los alumnos, por lo que debe evaluarse de forma continua y a lo largo de todo el proceso de enseñanza-aprendizaje, así como al final del proceso, momento en que se comprobará si los métodos y estrategias que ha diseñado y utilizado han sido los adecuados, introduciendo posibles modificaciones para las prácticas futuras.

La evaluación del formador se puede realizar desde varias vertientes, en cada una de ellas se evalúan aspectos diferentes, pero todas persiguen el mismo fin, que es fomentar la calidad de la formación.

Evaluación realizada por los alumnos

Los alumnos pueden evaluar aspectos como la relación del formador con los alumnos, la organización de las sesiones, el control de clase, la efectividad de la enseñanza, etc.

En la siguiente tabla se muestra un cuestionario a modo de ejemplo:

Marque la opción que más se adecúe a las características que prevalecieron a lo largo del curso

---

1. Las oportunidades que tuve para realizar preguntas en clase fueron:
   a. Frecuentes
   b. Regulares
   c. Escasas
   d. Muy escasas

---

2. El interés que mostró el formador respecto a los alumnos fue:
   a. Satisfactorio
   b. Regular
   c. Poco
   d. Muy pobre

---

3. El clima existente en el aula fue:
   a. Bueno
   b. Regular
   c. Tenso
   d. Malo

Continúa en página siguiente >>

<< Viene de página anterior

**Marque la opción que más se adecúe a las características
que prevalecieron a lo largo del curso**

4. En la prueba final se evaluaban los contenidos dados a lo largo del curso:
   a. Sí
   b. No

5. El material presentado en el curso fue:
   a. Original
   b. Poco original
   c. Nada original

6. Las actividades que realicé para asimilar los contenidos fueron:
   a. Útiles
   b. Regulares
   c. Pobres
   d. Inútiles

7. El contenido marcado para el curso se expuso en su totalidad:
   a. Sí
   b. No

8. El grupo de alumnos afectó a mi aprendizaje:
   a. De manera positiva
   b. De manera negativa
   c. No me afectó

9. El material audiovisual me pareció:
   a. Atractivo
   b. Regular
   c. Inadecuado

10. Los procesos, problemas y soluciones experimentados en el trabajo en
    grupo fueron:
    a. Bien planteados
    b. Regular planteados
    c. Mal planteados

11. Las exposiciones por parte del docente me parecieron:
    a. Buenas
    b. Regulares
    c. Malas

Continúa en página siguiente >>

<< Viene de página anterior

**Marque la opción que más se adecúe a las características
que prevalecieron a lo largo del curso**

---

12. La actuación del profesor durante el curso evidenció:
    a. Un elevado conocimiento de la materia
    b. Un mediano conocimiento
    c. Un escaso conocimiento

---

13. El profesor supo controlar las conductas perturbadoras sucedidas a lo largo
    del curso de forma:
    a. Eficaz
    b. Regular
    c. Ineficaz

---

14. El ritmo que siguió el profesor al exponer los contenidos me pareció:
    a. Muy bueno
    b. Satisfactorio
    c. Monótono

---

15. La secuencia de presentación de los contenidos del curso fue:
    a. Lógica
    b. Regular
    c. Arbitraria

---

16. La actuación del profesor despertó interés y motivación:
    a. Muchas veces
    b. Algunas veces
    c. Pocas veces
    d. Ninguna vez

Evaluación realizada por el propio formador

En esta evaluación, el formador va a evaluar la preparación del curso, el desarrollo del mismo, y también realizará una evaluación propia de su actuación como formador.

En la siguiente tabla se muestra un cuestionario a modo de ejemplo:

Marque la opción que más se adecúe a las características que prevalecieron a lo largo del curso

A. PREPARACIÓN DEL CURSO

1. ¿Cómo ha sido el tiempo con el que ha contado?
   a. Suficiente
   b. Insuficiente

¿Por qué? _____

2. ¿Cómo considera la distribución de las sesiones del curso?
   a. Adecuadas
   b. Inadecuadas

¿Por qué? _____

3. ¿Ha dispuesto de las guías didácticas del curso?
   a. Sí
   b. No

¿Por qué? _____

4. ¿Ha dispuesto de los recursos necesarios para la preparación de sus sesiones?
   a. Sí
   b. No

¿Cuáles le han hecho falta? _____

5. Teniendo en cuenta su nivel de formación, ¿ha necesitado apoyo por parte de la dirección del curso?
   a. Sí
   b. No

¿Cómo ha sido el apoyo? _____

B. DESARROLLO DEL CURSO

6. ¿El desarrollo de las sesiones (distribución y tiempo) se ha correspondido con la planificación prevista?
   a. Sí
   b. No

7. ¿La metodología utilizada para el desarrollo de las sesiones ha propiciado la participación e implicación del alumnado?
   a. Sí
   b. No

¿Por qué? _____

Continúa en página siguiente >>

<< Viene de página anterior

Marque la opción que más se adecúe a las características que prevalecieron a lo largo de curso

---

8. ¿Considera que el clima del curso ha sido el adecuado?
   a. Sí
   b. No

   ¿Por qué? _____

9. ¿El contexto donde se ha desarrollado el curso ha sido adecuado y oportuno?
   a. Sí
   b. No

   ¿Por qué? _____

10. ¿Ha conseguido los objetivos propuestos?
    a. Sí
    b. No

    ¿Por qué? _____

C. AUTOEVALUACIÓN

11. Evalúe de 1 a 4 los siguientes apartados relacionados con su intervención como formador, donde:

    1. Considero imprescindible mejorar mi formación en este aspecto.
    2. Considero necesario mejorar mi formación en este aspecto.
    3. Cuento con recursos necesarios para el desarrollo ajustado del curso, pero podría encontrar dificultades si éste cambia el rumbo prefijado.
    4. Mi formación al respecto es adecuada y dispongo de recursos suficientes para el desarrollo óptimo del curso.

	1	2	3	4
Dominio de los contenidos				
Metodología/didáctica empleada				
Comunicación con el alumnado				
Trabajo en equipo				

D. AMPLIACIÓN

Puede anotar a continuación cualquier aportación que desee realizar y no haya sido considerada en este cuestionario.

_____

_____

11.6. Tipos de evaluación

Existen diferentes tipos de evaluación, cada una se aplicará atendiendo a diferentes criterios.

Según su finalidad o función de la evaluación

Diagnóstica

Esta evaluación, como su nombre indica, tiene un carácter diagnóstico, ya que permite que se conozcan las potencialidades del alumno. De esta manera, la actividad didáctica se dirige de forma más efectiva.

Formativa

Se utiliza como estrategia para mejorar y ajustar los procesos formativos en el momento que se están llevando a cabo, para alcanzar las metas y los objetivos marcados. La evaluación formativa es aplicable a la evaluación de procesos.

Sumativa

Se aplica a la evaluación de productos terminados, es decir, se sitúa concretamente cuando finaliza un proceso, cuando éste se considera acabado. Su propósito es determinar el grado en que se han conseguido los objetivos establecidos, para evaluar de forma positiva o negativa el resultado. Esta evaluación permite tomar medidas tanto a medio como a largo plazo.

Según el momento de aplicación de la evaluación

Inicial

Se produce al principio del proceso de enseñanza-aprendizaje. La función que tiene la evaluación inicial es identificar el nivel de conocimientos que tienen los alumnos que inician un curso y, de esta manera, comprobar si los alumnos cuentan con los conocimientos necesarios para comenzarlo, y determinar si es posible impartirlo de acuerdo al programa formativo o si se requiere alguna modificación.

Procesual

La evaluación procesual se basa en valorar, de forma continua, el aprendizaje de los alumnos y la enseñanza del profesor, a través de la recogida sistemática de datos, toma de decisiones, etc.

La evaluación procesual es totalmente formativa, ya que, al favorecer la recogida continua de datos, permite tomar decisiones en el mismo momento que se considere necesario.

Los resultados que se obtienen forman la base permanente para el formador a la hora de programar las actividades diarias, así como para establecer las actividades y los procedimientos más apropiados. De esta manera, se evitan las dificultades que se puedan producir en los aprendizajes que se están llevando a cabo. La finalidad de todo esto es evitar errores y vacíos en los aprendizajes posteriores.

Final

La evaluación final es aquella que se realiza al finalizar la formación, por lo tanto ésta recoge y valora los resultados obtenidos a lo largo de un periodo formativo.

Según su extensión

Global

Tiene en cuenta todos los elementos y procesos que guardan relación con todo lo que es objeto de evaluación. Por ejemplo, si se trata de evaluar el proceso de aprendizaje de los alumnos, esta evaluación se centra en todas las áreas en general, pero sobre todo en los diversos tipos de contenidos de enseñanza (conceptos, procedimientos, valores, normas, etc.).

Parcial

Esta evaluación no se realiza de manera global, sino que se lleva a cabo por partes, es decir, evalúa los componentes que más interesan.

Según los agentes que realizan la evaluación

Autoevaluación o evaluación interna

Es el proceso sistemático mediante el cual una persona o grupo examina y valora sus procedimientos, comportamientos y resultados, para identificar qué quiere corregir o modificar en él. La evaluación interna muestra que los alumnos están más motivados a la hora de realizar una tarea difícil. La puesta en práctica de la autoevaluación no conlleva que el profesorado abandone sus funciones, sino que implica una concepción diferente de la enseñanza.

La autoevaluación ofrece al estudiante ayuda para descubrir sus necesidades, cantidad y calidad de su aprendizaje, causas de sus problemas, dificultades y éxitos en el estudio. De esta manera, el alumno puede conocerse de manera más concreta.

Heteroevaluación o evaluación externa

La evaluación externa es realizada o llevada a cabo por otra persona que no es el protagonista del aprendizaje. En esta evaluación, lo más frecuente es que el profesor evalúe al alumno.

TIPOS DE EVALUACIÓN	
Según su finalidad o función	- Diagnóstica - Formativa - Sumativa

Continúa en página siguiente >>

<< Viene de página anterior

TIPOS DE EVALUACIÓN

Según su momento de aplicación	- Inicial - Procesual - Final
Según su extensión	- Global - Parcial
Según los agentes que la realizan	- Autoevaluación o evaluación interna - Heteroevaluación o evaluación externa

Solucionarios de ejercicios de repaso y autoevaluación

Contenido

1. Almacenaje y operaciones auxiliares en panadería y bollería
2. Elaboración de productos de panadería
3. Elaboración de productos de bollería
4. Elaboraciones complementarias en panadería y bollería
5. Decoración de productos de panadería y bollería
6. Envasado y presentación de productos de panadería y bollería
7. Seguridad e higiene en un obrador de panadería y bollería

Solucionario 1

Almacenaje y operaciones auxiliares de panadería y bollería

Solucionario Capítulo 1

1. **De las siguientes afirmaciones, diga cuál es verdadera o falsa.**

a. La propiedad reológica del grano de cereal influye en la jugosidad y ternura del producto acabado.

☑ **Verdadero**
☐ Falso

b. De los tres tipos de peligros a que se exponen los productos de panadería-bollería, el físico es el más difícil de controlar.

☐ Verdadero
☑ **Falso**

c. Las operaciones de almacenaje no influyen en las condiciones y tiempo de conservación de los productos terminados de panadería-bollería.

☐ Verdadero
☑ **Falso**

d. La grasa que contiene la bollería se ve afectada únicamente por la temperatura de almacenamiento.

☐ Verdadero
☑ **Falso**

Solucionario Capítulo 2

1. **En un almacén, las materias en *stock* son:**

   a. **Dependientes las unas de las otras.**
   b. Independientes las unas de las otras.
   c. Dependientes según de qué materias se trate.
   d. Independientes, si tienen diferente estado físico.

2. **La rotación en un almacén es...**

   a. ... poco importante, pero sirve para mantener el almacén ordenado.
   b. **... importante para evitar la devaluación de las materias almacenadas.**
   c. ... una pérdida de tiempo.
   d. ... una manera de mejorar la colocación de las materias primas.

3. **El método LIFO es un método para controlar las existencias y contabilizar...**

   a. ... las ganancias de un modo especulativo.
   b. **... las ganancias de un modo no especulativo.**
   c. ... los gastos en mercancías.
   d. ... las pérdidas.

4. **La documentación técnica ha de ser...**

   a. ... lo más explícita posible para que ayude a resolver dudas.
   b. ... explícita, aunque no debe incluir glosario de términos técnicos.
   c. ... de fácil comprensión.
   d. **... breve, concisa y ordenada.**

5. **Las fichas de almacén...**

   a. ... contienen datos de más de un artículo.
   b. **... contienen la información referente a un solo artículo.**
   c. ... contienen la información fiscal del proveedor.
   d. ... contienen la información fiscal por si se presenta una inspección.

6. Los albaranes son documentos...

      a. ... de comunicación entre departamentos.
      b. ... en los que se registra el pedido que hace el cliente.
      c. ... para ejecutar el pedido de un cliente.
      d. ... que recogen las existencias de almacén.

7. Los documentos de control de almacén son documentos...

      a. ... clave que contienen referencias a otros documentos.
      b. ... anexos al documento principal de almacén.
      c. ... que sirven para controlar las unidades que tenemos en el almacén.
      d. ... que se presentan al entrar al almacén.

Solucionario Capítulo 3

1. **En el momento de descarga de la mercancía en nuestro almacén, debemos...**

    a. **... colocar la mercancía inmediatamente.**
    b. ... colocarla cuando podamos.
    c. ... clasificar la materia prima antes de colocarla.
    d. ... descargar la mercancía y colocarla en cuanto haya un hueco.

2. **El pliego de condiciones sirve para dejar claro unas condiciones generales y particulares...**

    a. ... del transporte.
    b. ... de la materia prima.
    c. **... del proveedor.**
    d. ... del producto terminado.

3. **La legislación española exige...**

    a. ... que codifiquemos la mercancía de almacén.
    b. **... que marquemos la mercancía descargada.**
    c. ... que codifiquemos la mercancía de acuerdo al esquema EAN.
    d. ... que marquemos la mercancía con nuestro sello de empresa.

4. **El control que debemos realizar al descargar la mercancía queda regulado...**

    a. ... por Reglamento nacional.
    b. ... a nuestro juicio, según las necesidades de la mercancía.
    c. **... por el pliego de condiciones.**
    d. ... por real decreto, que recomienda observar un APPCC.

5. **Las unidades empleadas en el control de medida y pesaje de cantidades...**

    a. ... se pueden elegir según las necesidades.
    b. ... se pactan con el proveedor.
    c. **... están establecidas según el Sistema Internacional de Medida.**
    d. ... deben ser siempre las mismas para facilitar la tarea.

6. **El tiempo es una variable que...**

    a. ... influye en la eficacia del proceso.

    b. ... diferencia al proceso más productivo del resto de procesos.

    c. ... evidencia la calidad de la materia prima.

    d. ... tiene poca influencia en la fabricación.

7. **Los controles organolépticos de la materia prima nos sirven para...**

    a. ... realizar catas organolépticas.

    b. ... conocer el efecto beneficioso de la materia sobre los órganos.

    c. ... probar si el producto está bien fabricado.

    d. ... comprobar si la materia prima cumple el pliego de condiciones.

8. **Los productos terminados pueden ser identificados...**

    a. ... marcando las cajas en las que se embalan.

    b. ... mediante tinta comestible.

    c. ... para tenerlos bajo control.

    d. ... sobre su superficie.

Solucionario Capítulo 4

1. **Indique si las siguientes afirmaciones son verdaderas o falsas. En el caso de ser falsas, escriba cuál sería la afirmación verdadera.**

a. Un sistema de almacenaje sirve para optimizar el espacio disponible.

☑ **Verdadero**
☐ Falso

b. El tipo de embalaje utilizado no es un factor almacenamiento.

☐ Verdadero
☑ **Falso. El embalaje es uno de los factores de almacenamiento, de hecho, de los que más influyen en la capacidad para distribuir la mercancía.**

c. Los almacenes de fabricación y retail son lo mismo, porque en ambos se vende directamente al cliente.

☐ Verdadero
☑ **Falso. Los almacenes de fabricación venden a cliente mayorista y el almacén retail a cliente minorista.**

d. Las combinaciones del método alfanumérico son casi infinitas.

☑ **Verdadero**
☐ Falso

e. Una de las ventajas del sistema de almacenamiento en estantería es el aprovechamiento óptimo del espacio disponible.

☑ **Verdadero**
☐ Falso

f. La protección del medioambiente está entre las tendencias actuales de almacenamiento.

☑ **Verdadero**
☐ Falso

g. El color rojo de los carteles indica peligro.

☐ Verdadero
☑ **Falso. El color rojo de los carteles indica prohibición.**

h. Las TIC han supuesto un gran avance en la comunicación empresarial.

☑ **Verdadero**
☐ Falso

i. Las normas de seguridad en los almacenes son orientativas, no de obligado cumplimiento.

☐ Verdadero
☑ **Falso. Las normas de seguridad en los almacenes son de obligado cumplimiento por la Ley de Prevención de Riesgos Laborales.**

 **Solucionario Capítulo 5**

1. **Cuando ejecute un pedido, deberá incluir...**

   a. **... toda la documentación necesaria en lo relativo a embalaje, cumplimiento de fechas y correcta identificación de los artículos.**
   b. ... toda la documentación necesaria en lo relativo a embalaje, cumplimiento de caducidades y correcta identificación de los artículos.
   c. ... toda la documentación necesaria en lo relativo a ensamblaje, cumplimiento de fechas y correcta identificación de los artículos.
   d. ... toda la documentación necesaria en lo relativo a documentación fiscal.

2. **Las operaciones y comprobaciones generales que se han de hacer cuando vaya a salir una mercancía del almacén se dividen temporalmente en...**

   a. ... dos estados: inicial y final.
   b. ... tres estados: inicial, mediano y final.
   c. **... tres estados: inicial, intermedio y final.**
   d. ... cuatro estados: previo, inicial, intermedio y final.

3. **Los medios de transporte más utilizados en la actualidad son:**

   a. El barco y el coche.
   b. El camión, el tren, el barco y la bicicleta.
   c. **La carretera, el ferrocarril, el barco y el avión.**
   d. Todas las opciones son incorrectas.

4. **El tren es un medio de transporte...**

   a. ... poco empleado en el transporte de mercancías.
   b. ... rápido e infalible.
   c. ... muy caro si nos fijamos en la relación capacidad de carga-precio.
   d. **... que requiere de una operación intermedia de carga-descarga.**

5. ¿Sobre qué criterio de selección de medio de transporte influye que la materia prima sea perecedera?

    a. Costos
    b. Capacidad de transporte
    c. Asequibilidad
    d. Tiempo de tránsito

6. ¿Qué contrato hace recaer la responsabilidad del material sobre el receptor una vez cargada en el barco?

    a. FAS
    b. EXW
    c. CIP
    d. DES

7. Marque la opción incorrecta. La protección física de mercancías depende de...

    a. ... los sistemas de sujeción.
    b. ... el embalaje.
    c. ... envase.
    d. ... su estado.

8. Marque la opción incorrecta. Cuando realice una salida de almacén deberá...

    a. ... expedir un tique de compra.
    b. ... emitir un albarán mediante el método LIFO.
    c. ... emitir un albarán mediante el método FIFO.
    d. ... entregar la documentación sobre necesidades especiales de transporte y almacenamiento.

Solucionario Capítulo 6

1. **El material que debe emplearse para la fabricación de útiles y equipos que entren en contacto con alimentos es:**

   a. Plástico PET.
   b. De gran resistencia para no contaminar los alimentos.
   c. **Acero inoxidable.**
   d. Hierro.

2. **Los equipos deben estar fabricados, en la medida de los posible, en...**

   a. ... metal altamente resistente.
   b. **... acero inoxidable.**
   c. ... material lavable.
   d. ... material no conductor del calor.

3. **Los hornos de panadería pueden ser:**

   a. Convección, modulares, fijos y vibratorios.
   b. Convección, modulares, fijos y ondulares.
   c. Corrección, modulares, fijos y giratorios.
   d. **Convección, modulares, fijos y giratorios.**

4. **Los equipos que aplican calor al alimento en su fabricación deben poseer por seguridad...**

   a. ... un termostato.
   b. ... un relé.
   c. ... un sistema de apertura retardada de la puerta.
   d. **... todos los anteriores funcionando juntos.**

5. **¿Qué documento le sirve de referencia para implantar un sistema de limpieza apropiado con sus productos y métodos apropiados?**

   a. No hay ninguno específico, basta con el sentido común.
   b. El manual editado por la Consejería de Salud de mi comunidad autónoma.
   c. ***Codex Alimentarius.***
   d. Guía de Prácticas Sanitarias en la industria.

6. **¿Qué es la contaminación cruzada?**

   a. Mezclar dos contaminantes.
   b. Contaminar un alimento por limpiar útiles sucios.
   c. Que un alimento contamine a otro al mezclarse ambos.
   d. Todas las opciones son incorrectas.

7. **¿En qué casos puede darse contaminación cruzada?**

   a. Al no limpiar correctamente la superficie de trabajo.
   b. Al no limpiar bien los útiles al terminar una tarea.
   c. Al trabajar con alimentos contaminados.
   d. Todas las opciones son correctas.

8. **Marque la opción incorrecta. Los satélites de espuma y el sistema CIP son:**

   a. Equipos de limpieza con detergente y agua.
   b. Equipos de limpieza obligatorios sea cual sea el tamaño de la empresa.
   c. Equipos de limpieza manual y automático respectivamente.
   d. Equipos de limpieza industriales.

9. **Marque la opción incorrecta. La eliminación de los residuos se hace...**

   a. ... en contenedores apropiados según la naturaleza del residuo.
   b. ... conforme a la Ley 7/2022, de 8 de abril, de residuos y suelos contaminados para una economía circular.
   c. ... llamando al servicio de recogida de basuras municipal.
   d. ... mediante un sistema de evacuación rápida de residuos.

Solucionario 2
Elaboración de productos de panadería

Solucionario Bloque 1 Capítulo 1

1. **El pan común es:**

   a. Un alimento que se obtiene de mezclar harina, huevo y azúcar.
   b. Un alimento que contiene gran cantidad de lípidos.
   c. **El producto elaborado con harina o harina integral de cereales, pudiendo incorporar salvado de cereales, obtenido por la adición de agua, con o sin adición de sal.**
   d. Una masa compuesta expresamente de harina de malta y agua.

2. **Los ingredientes base en la elaboración del pan son:**

   a. Harina y levadura.
   b. Harina y agua.
   c. Harina, agua, sal y levadura.
   d. **Harina y agua, pudiendo incorporar sal, así como levadura de panificación o masa madre.**

3. **De las siguientes afirmaciones, diga cuál es verdadera o falsa.**

   a. La harina empleada para la elaboración del pan bregado es harina 100 % integral.

   ☐ Verdadero
   ☑ **Falso**

   b. La leche se emplea para la elaboración del pan de flama.

   ☐ Verdadero
   ☑ **Falso**

   c. El pan especial es una clasificación dentro de la familia de los panes.

   ☑ **Verdadero**
   ☐ Falso

4. **Complete:**

   Los panes precocidos son panes cuya cocción ha sido **interrumpida** antes de llegar a su finalización, siendo posteriormente **envasado** o **congelado** de forma autorizada.

5. **De las siguientes afirmaciones, diga cuál es verdadera o falsa.**

    a. Se considera pan especial al pan de flama.

        ☐ Verdadero
        ☑ **Falso**

    b. Se considera pan común al pan candeal.

        ☑ **Verdadero**
        ☐ Falso

    c. El pan ácimo es un pan clasificado como común, al no llevar levadura.

        ☐ Verdadero
        ☑ **Falso**

Solucionario Bloque 1 Capítulo 2

1. **La hidratación de la masa de panificación se determina por:**

   a. El huevo que absorbe la harina.
   b. La harina que absorbe la masa.
   c. El agua que absorbe la masa.
   d. El agua que absorbe la harina.

2. **La hidratación del pan candeal es:**

   a. Del 60 %
   b. Del 50 %
   c. Del 45 %
   d. Del 40 %

3. **De las siguientes afirmaciones, diga cuál es verdadera o falsa.**

   a. Masas intermedias son las que se obtienen con una hidratación al 60 %.

      ☑ **Verdadero**
      ☐ Falso

   b. Si se emplea margarina en una masa panificable, se trata de masas especiales.

      ☐ Verdadero
      ☑ **Falso**

   c. Con el uso de harina de arroz en una masa supliendo la harina de trigo, se obtiene un tipo de masa enriquecida.

      ☐ Verdadero
      ☑ **Falso**

4. **Complete:**

   Se denominan **masas** especiales a aquellas a las que se han incorporado **aditivos,** se han realizado con harina **enriquecida,** se les ha incorporado **gluten,** a aquellas masas que no lleven **sal,** o que, por su **forma,** deba intervenir la mano del **maestro** en la elaboración de cada **pieza.**

5. **De las siguientes afirmaciones, diga cuál es verdadera o falsa.**

   a. Se denomina masa morena a la masa a la que se le añade azúcar moreno.

      ☐ Verdadero
      ☑ **Falso**

   b. Las masas a las que se le añade aceite de oliva dan como resultado masas más elásticas.

      ☑ **Verdadero**
      ☐ Falso

   c. Las masas de pan elaboradas con centeno se asocian a un pan muy ligero.

      ☐ Verdadero
      ☑ **Falso**

   d. Las masas dulces son obtenidas por la fusión entre el *brioche* y el pan blanco.

      ☑ **Verdadero**
      ☐ Falso

Solucionario Bloque 1 Capítulo 3

1. ¿Qué factores afectan a la elaboración del pan?

   a. La cantidad y la calidad de los ingredientes.
   b. La calidad del ingrediente.
   c. El agua que se añada a la masa.
   d. La cantidad de harina para la elaboración de la masa.

2. La formulación del pan se mide mediante...

   a. ... sistema de unificación.
   b. ... sistema de fracción.
   c. ... sistema de proporción.
   d. Las opciones b y c son correctas.

3. De las siguientes afirmaciones, diga cuál es verdadera o falsa.

   a. El peso de la harina es 100 veces mayor al peso de la fracción.

      ☑ **Verdadero**
      ☐ Falso

   b. El volumen del agua es 60 veces mayor al peso de la fracción.

      ☐ Verdadero
      ☑ **Falso**

   c. El peso de la sal es 4 veces mayor al peso de la fracción.

      ☐ Verdadero
      ☑ **Falso**

   d. El peso de la masa madre es 13 veces mayor al peso de la fracción.

      ☑ **Verdadero**
      ☐ Falso

4. **Complete las siguientes oraciones.**

Para **calcular** la cantidad de **harina,** agua, sal y **masa madre** que necesita una **masa** base de pan, se va a efectuar por un sistema de fracciones.

Cualquiera que sea el **peso** de la masa, la cantidad de fracciones permanece **invariable.**

5. **La cantidad de la fracción total en la formulación del pan es de...**

   a. ... 180.
   b. ... 175.
   c. ... 170.
   d. **... 165.**

Solucionario Bloque 1 Capítulo 4

1. **¿Cuántos sistemas de panificación existen?**

   a. Dos: esponja y *poolish*.
   b. Tres: directo, esponja y *poolish*.
   c. Cuatro: directo, mixto, esponja y *poolish*.
   d. Cuatro: directo, mixto, esponja o *poolish* y autolisis.

2. **Los procesos básicos de panificación son:**

   a. Amasado, boleado y fermentado.
   b. Amasado, fermentado y horneado.
   c. Prefermento, mezclado, modelado, prueba final, greñado, desarrollo y horneado.
   d. Amasado, boleado y horneado.

3. **De las siguientes afirmaciones, diga cuál es verdadera o falsa.**

   a. El método directo consiste en mezclar todos los ingredientes a la vez.

   ☑ **Verdadero**
   ☐ Falso

   b. Poolish y esponja son diferentes métodos.

   ☐ Verdadero
   ☑ **Falso**

   c. En el método esponja se emplea la misma cantidad de agua, harina y levadura para hacer la masa esponja.

   ☐ Verdadero
   ☑ **Falso**

   d. En el método mixto se emplean dos tipos de levaduras: masa madre y levadura prensada.

   ☑ **Verdadero**
   ☐ Falso

4. Complete las siguientes oraciones.

En panadería, la **autolisis** es una técnica que consiste en **mezclar** agua con harina a velocidad **lenta,** dejando **reposar** la mezcla durante unos 20 minutos aproximadamente. Pasado este tiempo, se mezcla con todos los ingredientes. Con esta técnica se reduce el tiempo de **amasado,** con lo que la masa se **desarrolla** en menos tiempo, evitando que se **oxide** y, además, adquiere más **extensibilidad.**

5. De las siguientes afirmaciones, diga cuál es verdadera o falsa.

a. La cantidad de levadura en el sistema directo es del 2 % del total de la harina.

☑ **Verdadero**
☐ Falso

b. El tiempo de reposo en el sistema directo es de 30 minutos.

☐ Verdadero
☑ **Falso**

c. En el sistema mixto, el porcentaje de levadura prensada es del 2 % y el de masa madre del 15 %.

☑ **Verdadero**
☐ Falso

d. El tiempo de fermentación de la masa esponja es de 2 horas.

☐ Verdadero
☑ **Falso**

Solucionario Bloque 1 Capítulo 5

1. **La masa madre es:**

   a. **La masa resultante de mezclar harina de trigo molido con agua pura.**
   b. La base ácida de una masa de pan.
   c. Una masa que se obtiene de mezclar agua, harina y sal (el agua y harina en partes iguales).
   d. Todas las opciones son correctas.

2. **La biga se considera...**

   a. ... un prefermento blando o de esponja.
   b. ... un aditivo químico.
   c. **... un prefermento firme o seco.**
   d. ... un edulcorante, que además transmitirá elasticidad a la masa.

3. **De las siguientes afirmaciones, diga cuál es verdadera o falsa.**

   a. Para obtener una masa madre natural se necesitan de tres a cuatro días de reposo de la mezcla de harina con agua.

      ☑ **Verdadero**
      ☐ Falso

   b. La temperatura óptima de la masa madre es de 25 ºC.

      ☑ **Verdadero**
      ☐ Falso

   c. Existen tres tipos de masa madre o prefermento: prefermento firme, prefermento semilíquido y prefermento blando o esponja.

      ☐ Verdadero
      ☑ **Falso**

   d. La biga es una masa madre esponja o blanda. Es la menos utilizada.

      ☐ Verdadero
      ☑ **Falso**

e. La masa madre estará lista para su manejo cuando haya alcanzado el triple de su volumen inicial.

☑ **Verdadero**
☐ Falso

4. Complete la siguiente oración.

Los **microorganismos** que forman la microflora de la **masa** madre son más eficaces juntos que **aislados,** un acrecimiento de la **temperatura** favorece la formación de ácido **láctico** de los microorganismos, temperaturas **bajas** producen ácido **acético.** El ácido acético **impide** la actividad de las **levaduras** de la masa madre.

5. De las siguientes afirmaciones, diga cuál es verdadera o falsa.

a. La masa madre se puede conservar a una temperatura de -18 °C.

☐ Verdadero
☑ **Falso**

b. La adición de la masa madre a la masa final de panificación conlleva un descenso del pH.

☑ **Verdadero**
☐ Falso

c. La levadura prensada añadida en pequeña proporción a la masa madre agiliza su fermentación.

☑ **Verdadero**
☐ Falso

d. El uso de la masa madre en la masa de panificación alarga la vida del producto, evitando el envejecimiento de la masa.

☑ **Verdadero**
☐ Falso

Solucionario Bloque 1 Capítulo 6

1. **¿Cuáles son las características fisicoquímicas del pan?**

    a. El sabor y la firmeza de la masa.
    b. El aroma y la flavocidad de la masa.
    c. El color y la humedad de la masa.
    d. **La absorción del agua, la tenacidad, la elasticidad y la firmeza.**

2. **¿A qué se debe el obtener una masa grasienta durante el amasado de la misma?**

    a. A la utilización de harina de poca fuerza y adición de materia grasa.
    b. **A la utilización de harina de trigo germinado y al uso de agua muy caliente.**
    c. Al uso de harina floja y agua muy fría.
    d. Al uso de harina fuerte y al escaso amasado de la masa.

3. **De las siguientes afirmaciones, diga cuál es verdadera o falsa.**

    a. La causa principal de obtener una masa hilante es el empleo de trigo de garrapatillo.

        ☑ **Verdadero**
        ☐ Falso

    b. Una carencia de amasado provoca una miga irregular.

        ☑ **Verdadero**
        ☐ Falso

    c. Una masa se recalienta por trabajarla de forma apaciguada.

        ☐ Verdadero
        ☑ **Falso**

    d. La acidez del pan es debida a un aumento del pH de la masa.

        ☐ Verdadero
        ☑ **Falso**

4. Complete la siguiente oración.

Durante el **amasado,** la levadura se diluye en el **agua** de la masa y convierte algunos azúcares en **gas carbónico.** Este **gas** es soluble en **agua,** cuando el agua se satura, el **gas** empieza a dispersarse formando pequeñas **burbujas** en el agua. Estas **burbujas** son retenidas por los huecos del **gluten,** y son las que forman los futuros **alvéolos** de la miga.

5. De las siguientes afirmaciones, diga cuál es verdadera o falsa.

a. El sabor de las masas de pan está influenciado por los ingredientes, el amasado, el tiempo de fermentación, el fermentado y el horneado.

☑ **Verdadero**
□ Falso

b. En el horneado, en la corteza del pan se produce la reacción química de Maillard.

☑ **Verdadero**
□ Falso

c. Un exceso de humedad en el ambiente provoca masas pegajosas.

☑ **Verdadero**
□ Falso

Solucionario Bloque 1 Capítulo 7

1. **Las características que deben reunir los productos de panadería terminados son:**

   a. **Su aspecto, textura, color, olor y sabor serán agradables y característicos del producto.**

   b. La acidez será superior a 5 por 1.000, expresada en ácido láctico, referida a sustancia seca y determinada sobre extracto acuoso.

   c. Presentará enmohecimientos.

   d. El pan bregado de miga dura, español o candeal, en cualquiera de sus modalidades o características, tendrá una humedad máxima del 40 %.

2. **¿A qué se designa como pan común?**

   a. **Al pan elaborado con mezcla de harina y agua, con o sin adición de sal, fermentado por levaduras de panificación o masa madre.**

   b. Al pan al que se le han incorporado aditivos, se ha realizado con harina enriquecida y se le han incorporado otros ingredientes, tales como leche, huevos o gluten.

   c. Al pan de masa dura.

   d. Al pan de masa blanda.

3. **De las siguientes afirmaciones, diga cuál es verdadera o falsa.**

   a. El pan candeal es el obtenido mediante una elaboración en la que es preciso el uso de cilindros refinadores.

   ☑ **Verdadero**
   ☐ Falso

   b. El pan de flama es el obtenido por una menor proporción de agua y no suele necesitar el refinado con cilindros.

   ☐ Verdadero
   ☑ **Falso**

   c. El pan especial es aquel al que no se le han incorporado aditivos.

   ☐ Verdadero
   ☑ **Falso**

4. **Complete la siguiente oración.**

El pan de **viena**, pan de nieve o pan **bombón** es elaborado con masa blanda de harina de trigo, pudiendo incorporar uno o varios de los siguientes ingredientes: **azúcares**, grasas o aceites y **leche**.

5. **De las siguientes afirmaciones, diga cuál es verdadera o falsa.**

   a. El pan de flama, presenta mayor proporción de agua y su miga presentará alvéolos más irregulares, en forma y tamaño.

      ☑ **Verdadero**
      ☐ Falso

   b. El pan integral es el elaborado con los extractos de la harina de trigo.

      ☐ Verdadero
      ☑ **Falso**

   c. El biscote es el que después de su cocción en molde con tapa es cortado en rebanadas y sometido a tostación.

      ☑ **Verdadero**
      ☐ Falso

Solucionario Bloque 1 Capítulo 8

1. **¿En qué periodo se aprecian los factores que determinan la calidad final del pan?**

   a. **En todo el proceso de panificación.**
   b. Al inicio del proceso de panificación.
   c. Al final del proceso de panificación.
   d. En el amasado.

2. **Cuando se origina el olor en el pan:**

   a. En el amasado.
   b. En la fermentación.
   c. En el horneado.
   d. **Todos los factores anteriores contribuyen en el olor del pan.**

3. **De las siguientes afirmaciones, diga cuál es verdadera o falsa.**

   a. Se pueden distinguir dos métodos para el análisis sensorial: métodos afectivos y métodos analíticos.

   ☑ **Verdadero**
   ☐ Falso

   b. Los métodos analíticos los realizan los consumidores del producto panario.

   ☐ Verdadero
   ☑ **Falso**

   c. Los atributos sensoriales del pan se suelen agrupar en cuatro niveles: apariencia, olor, textura y color.

   ☐ Verdadero
   ☑ **Falso**

   d. El amasado intensivo produce un pan más voluminoso y más sabroso.

   ☐ Verdadero
   ☑ **Falso**

4. Complete la siguiente oración.

La **percepción** de la miga al **tacto** o en la **boca** está muy influenciada por el tamaño y la estructura de los **alvéolos;** cuando son finos, con paredes **delgadas** y uniformes en **tamaño,** la textura es más **suave** y más elástica que cuando son **grandes,** irregulares en tamaño y con **paredes** más gruesas.

5. De las siguientes afirmaciones, diga cuál es verdadera o falsa.

    a. En los panes elaborados con harina de trigo, el color de la miga va del blanco crema al marrón claro.

        ☑ **Verdadero**
        ☐ Falso

    b. Harinas con alta tasa de extracción (semi-integrales o integrales) producen migas claras.

        ☐ Verdadero
        ☑ **Falso**

    c. Los parámetros de textura son: el incremento de firmeza y la pérdida de elasticidad.

        ☑ **Verdadero**
        ☐ Falso

    d. La cohesividad se percibe con el tacto.

        ☐ Verdadero
        ☑ **Falso**

Solucionario Bloque 2 Capítulo 1

1. Los locales destinados a la fabricación de pan deben estar ubicados...

a. ... en lugar ajeno a otro local destinado a su cometido.
b. ... en lugar compartido con otro tipo de producción.
c. ... en un lugar pequeño y recogido.
d. ... en lugar donde se produzcan alteraciones en los productos.

2. ¿De cuántos anexos dispondrá el obrador de panadería?

a. De dos como mínimo.
b. De más de seis y menos de diez.
c. De cuatro.
d. Depende de las instalaciones y de la producción del establecimiento.

3. De las siguientes afirmaciones, diga cuál es verdadera o falsa.

a. Las industrias destinadas a la fabricación de pan y panes especiales solo podrán instalarse en locales que tengan ventilación directa a la calle.

☐ Verdadero
☑ **Falso**

b. Las instalaciones técnicas de las fábricas de producción panaria son pautadas por el propio empresario.

☐ Verdadero
☑ **Falso**

c. En los locales destinados a la elaboración de pan y panes especiales, se evitará al máximo la entrada de polvo.

☑ **Verdadero**
☐ Falso

d. El local de producción debe tener agua potable tanto fría como caliente.

☑ **Verdadero**
☐ Falso

4. Complete la siguiente oración.

Las **paredes** de los obradores deberán revestirse de **azulejos** o materiales **lavables** hasta una altura mínima de **2 metros;** el resto de las **paredes** y los techos se revestirán de **esmalte** o pintura **plástica** de especial resistencia a los **lavados** y al **calor.**

5. De las siguientes afirmaciones, diga cuál es verdadera o falsa.

a. Las puertas y ventanas estarán provistas de dispositivos especiales para evitar la introducción de insectos.

☑ **Verdadero**
☐ Falso

b. En el suelo del obrador no se debe disponer de desagüe de agua.

☐ Verdadero
☑ **Falso**

c. Las paredes del obrador deben estar pintadas de un color claro.

☐ Verdadero
☑ **Falso**

d. Los materiales empleados en panadería no deben alterar las características de composición ni los caracteres organolépticos del pan y panes especiales.

☑ **Verdadero**
☐ Falso

Solucionario Bloque 2 Capítulo 2

1. ¿En qué consiste la dosificación de los ingredientes en panadería?

    a. En elaborar una masa de pan empleando ingredientes en cantidades al azar.

    b. En establecer las distintas cantidades de los ingredientes señalados en una fórmula para elaborar una masa del pan determinada.

    c. En pesar los ingredientes de una masa en forma conjunta.

    d. En fraccionar de forma constante una masa.

2. ¿Qué se debe tener en cuenta para la dosificación de los ingredientes de una masa?

    a. Verificar la existencia de todos los ingredientes que se van a emplear.

    b. Emplear los ingredientes existentes en el momento para la formación de la masa.

    c. Que los ingredientes estén a mano.

    d. No pesar los ingredientes hasta la obtención del amasijo.

3. De las siguientes afirmaciones, diga cuál es verdadera o falsa.

    a. Al pesar las cantidades con exactitud, se produce un aumento o disminución en la producción.

        ☐ Verdadero
        ☑ **Falso**

    b. Si el pesaje se efectúa correctamente, el tiempo de fermentación se hace estable para cada fórmula.

        ☑ **Verdadero**
        ☐ Falso

    c. La dosificación de los ingredientes a la hora de elaborar una masa no es la fase más importante.

        ☐ Verdadero
        ☑ **Falso**

d. En panadería se emplea principalmente el sistema métrico decimal.

☑ **Verdadero**
☐ Falso

4. Complete la siguiente oración.

En el proceso de **dosificación** es importante tener en cuenta las unidades de **medidas** de **peso,** ya que un incorrecto **cálculo** en las proporciones de los **ingredientes** afectará negativamente en el **producto** final.

5. De las siguientes afirmaciones, diga cuál es verdadera o falsa.

a. Se emplea el kilogramo como unidad fundamental de las medidas de peso. Para efectos de cálculos se utiliza el gramo (g).

☑ **Verdadero**
☐ Falso

b. Los múltiplos del gramo son aquellas unidades menores que la unidad de patrón.

☐ Verdadero
☑ **Falso**

c. En el sistema métrico decimal la unidad de las medidas de capacidad es el mililitro.

☐ Verdadero
☑ **Falso**

d. No se debe tarar correctamente la balanza con el recipiente donde se dispone la materia prima a pesar.

☐ Verdadero
☑ **Falso**

Solucionario Bloque 2 Capítulo 3

1. ¿En qué consiste amasar?

   a. En pasteurizar los ingredientes que forman una masa panaria.
   b. En mezclar y homogenizar ingredientes panarios provocando transformaciones en los componentes iniciales.
   c. En mezclar y ligar ingredientes hasta que estén bien disociados.
   d. En añadir ingredientes de distinta manera, consiguiendo una emulsión.

2. ¿Qué función ejerce el proceso de amasado en una masa panaria?

   a. Función homogenizadora, preparando la estructura del gluten.
   b. Desestructurar el gluten del gluten.
   c. Oscurecer la masa.
   d. Todas las opciones son correctas.

3. De las siguientes afirmaciones, diga cuál es verdadera o falsa.

   a. El aumento del volumen de la masa es producido en primer lugar por su contacto con el oxígeno.

      ☑ **Verdadero**
      ☐ Falso

   b. El amasado no provoca el aumento de la temperatura de la masa.

      ☐ Verdadero
      ☑ **Falso**

   c. La duración del amasado en las masas de baja hidratación no debe ser superior a 8 minutos.

      ☐ Verdadero
      ☑ **Falso**

   d. Las masas de baja hidratación conllevan un amasado corto y suave.

      ☑ **Verdadero**
      ☐ Falso

4. Complete la siguiente oración.

El **refinado** consiste en, una vez homogenizados todos los **ingredientes** sin reposo en bloque, **estirar** la masa con un **rodillo** hasta **aplanarla**, doblándola sobre sí misma, estirarla nuevamente y volverla a doblar, y así hasta conseguir una masa algo más **blanda** que al inicio, más **extensible**, no **pegadiza** y de textura lisa. La duración máxima de refinado no ha de ser superior a **15** minutos. Este proceso hay que efectuarlo antes que la masa **gasifique**.

5. De las siguientes afirmaciones, diga cuál es verdadera o falsa.

a. La amasadora en espiral posee la ventaja de no recalentar la masa.

☐ Verdadero
☑ **Falso**

b. Con la amasadora de brazos se obtienen panes muy voluminosos.

☑ **Verdadero**
☐ Falso

c. La amasadora de eje oblicuo tiene la ventaja de no recalentar la masa.

☑ **Verdadero**
☐ Falso

d. Una de las variables a controlar es la temperatura de la masa durante el proceso de amasado, no debiendo rebasar los 27 °C.

☑ **Verdadero**
☐ Falso

Solucionario Bloque 2 Capítulo 4

1. **¿En qué consiste el reposo en bloque?**

    a. En dejar reposar la masa una vez formadas las piezas.
    b. En dejar reposar la masa una vez homogenizada en la amasadora.
    c. Es el periodo de tiempo de fermentación entre el final del amasado y el pesado y dividido de la masa.
    d. Es el fermentado final de las masas antes de ser horneadas.

2. **¿Qué volumen debe alcanzar la masa una vez realizado el reposo en bloque?**

    a. No aumenta de volumen.
    b. Aumenta cuatro veces su volumen inicial.
    c. Aumenta tres veces su volumen inicial.
    d. Aumenta dos veces y media su volumen inicial.

3. **De las siguientes afirmaciones, diga cuál es verdadera o falsa.**

    a. La duración del reposo varía en función de la cantidad de levadura empleada en la masa.

    ☑ **Verdadero**
    ☐ Falso

    b. A mayor cantidad de levadura, mayor reposo en bloque de la masa.

    ☐ Verdadero
    ☑ **Falso**

    c. Las transformaciones que se producen en esta fase de reposo en bloque se deben a la levadura y a la temperatura de la masa.

    ☑ **Verdadero**
    ☐ Falso

    d. Con el reposo en bloque se consiguen panes tipo candeal.

    ☐ Verdadero
    ☑ **Falso**

4. Complete la siguiente oración.

El **reposo** en **bloque** es el periodo de tiempo de **fermentación** entre el final del **amasado** y el **pesado** y dividido de la masa. En esta fase, la masa sufre una serie de **transformaciones** físicas relacionadas directamente en cuanto a la **naturaleza** e intensidad, con la **levadura** y la **temperatura,** que, a su vez, dependen del tipo de **harina** empleada.

5. De las siguientes afirmaciones, diga cuál es verdadera o falsa.

a. El reposo en bloque se emplea para masas duras y de migas compactas.

☐ Verdadero
☑ **Falso**

b. La harina a emplear repercute en el tiempo de reposo que se debe dar a la masa.

☑ **Verdadero**
☐ Falso

c. Con el reposo en bloque se consiguen panes con corteza gruesas.

☑ **Verdadero**
☐ Falso

d. En las fases de panificación, si una masa es reposada en bloque, su dividido debe hacerse de forma mecánica.

☐ Verdadero
☑ **Falso**

Solucionario Bloque 2 Capítulo 5

1. ¿En qué consiste la división y pesado de la masa?

   a. En cortar la masa de forma irregular para obtener piezas individuales.
   b. En romper la masa en porciones iguales.
   c. En dividir y pesar la masa para obtener porciones de piezas de peso justo y constante.
   d. En cortar la masa y pesarla.

2. ¿Qué tipos de divisoras existen?

   a. Mecánica y manual.
   b. Manual, hidráulica, boleadoras, pesadoras-divisoras y divisora volumétrica.
   c. Volumétrica.
   d. Manual, hidráulica y boleadora.

3. De las siguientes afirmaciones, diga cuál es verdadera o falsa.

   a. El heñido consiste en enrollar la masa dividida para darle una forma redonda.

      ☑ **Verdadero**
      ☐ Falso

   b. Con el boleado se consigue desordenar el gluten.

      ☐ Verdadero
      ☑ **Falso**

   c. Existen dos tipos de boleadoras mecánicas: la baleadora cónica y la baleadora de teja.

      ☑ **Verdadero**
      ☐ Falso

d. El reposo es el espacio de fermentación que se da entre el final del amasado y el boleado de la pieza.

☐ Verdadero
☑ **Falso**

4. Complete la siguiente oración.

El **formado** se fundamenta en dar hechura a las **piezas** de masa en función del tipo de **pan** que se pretenda conseguir. Esta **etapa** proporciona el aspecto físico **final,** tanto externo como de la **estructura** del pan. Si la pieza es de **forma** alargada, tipo barra, se hará **rodar** la masa sobre la mesa, **aprisionándola** al mismo tiempo con la palma de la mano hasta conseguir la **longitud** deseada.

5. De las siguientes afirmaciones, diga cuál es verdadera o falsa.

a. La división de la masa de forma manual se realiza con un cuchillo de hoja lisa muy afilada que no provoque el hundimiento en la masa.

☑ **Verdadero**
☐ Falso

b. El heñido en la masa se realiza para extraer el aire que pueda tener la pieza.

☑ **Verdadero**
☐ Falso

c. El reposo se realiza para que la masa pierda estabilidad y el gluten se reagrupe.

☐ Verdadero
☑ **Falso**

d. El formado de las piezas a máquina conlleva tres procesos: laminado, enrollado y alargado.

☑ **Verdadero**
☐ Falso

Solucionario Bloque 2 Capítulo 6

1. **¿Qué es el entablado en panificación?**

   a. Poner una tabla a la masa de pan.
   b. Aprisionar el amasijo.
   c. **Colocar las piezas ya formadas sobre una placa o molde para su posterior cocción.**
   d. Engrasar una pieza de pan.

2. **¿Cómo se deben disponer los amasijos de pan en las bandejas?**

   a. De cualquier forma, es indiferente.
   b. De forma perpendicular la una de la otra.
   c. **Correlativa la una a la otra, dejando un espacio entre ellas igual al volumen de la pieza.**
   d. Correlativa la una de la otra y bien pegadas entre sí.

3. **De las siguientes afirmaciones, diga cuál es verdadera o falsa.**

   a. Las bandejas y los moldes con las masas ya formadas son dispuestos en los carros.

   ☑ **Verdadero**
   ☐ Falso

   b. Las bandejas no tienen por qué estar engrasadas, pudiendo hacer uso de otras técnicas como el enharinado o el uso de papel parafinado o bandejas antiadherentes.

   ☑ **Verdadero**
   ☐ Falso

   c. Las piezas se deben colocar con la costura hacia abajo.

   ☑ **Verdadero**
   ☐ Falso

d. Existen dos tipos de entablado: manual y mecánico.

☑ **Verdadero**
☐ Falso

4. Complete las siguientes oraciones.

En el **entablado** se ha de controlar el número de **panes** por lata y procurar que todas sean del mismo **tamaño**.

Entre **pieza** y **pieza** se debe dejar un **espacio** intermedio igual al **volumen** del pan, con el fin de evitar que se **peguen** y se produzca un pan mal **horneado** y pegado por los **bordes**.

5. De las siguientes afirmaciones, diga cuál es verdadera o falsa.

a. El entablado de forma mecánica se realiza principalmente en panificadoras industriales.

☑ **Verdadero**
☐ Falso

b. Se deben engrasar las bandejas para el entablado de las masas.

☑ **Verdadero**
☐ Falso

c. Para colocar las piezas de pan en las bandejas no se tiene por qué respetar su tamaño, forma, espacio disponible y tipo de masa.

☐ Verdadero
☑ **Falso**

d. El entablado del pan en molde puede realizarse en cualquier molde, sin tener en cuenta el tamaño de este.

☐ Verdadero
☑ **Falso**

Solucionario Bloque 2 Capítulo 7

1. **¿En qué consiste el proceso de fermentación?**

   a. En fermentar un amasijo hasta obtener el doble de su volumen.
   b. **En la transformación de los azúcares de la harina en gas carbónico y alcohol por medio de las enzimas de la levadura.**
   c. En reposar una masa hasta doblar su volumen.
   d. En provocar acidez a una masa.

2. **¿Cuáles son las enzimas que contiene la levadura?**

   a. Proteasa
   b. Invertasa
   c. Maltasa y zimasa
   d. **Todas las opciones son correctas.**

3. **De las siguientes afirmaciones, diga cuál es verdadera o falsa.**

   a. La fermentación en una masa se produce gracias a la levadura que esta contiene.

      ☑ **Verdadero**
      ☐ Falso

   b. Durante el proceso de descomposición de los azúcares, las amilasas contenidas en la harina desagregan el almidón y lo transforman en azúcares fermentables.

      ☑ **Verdadero**
      ☐ Falso

   c. La fermentación alcohólica actúa sobre azúcares compuestos.

      ☐ Verdadero
      ☑ **Falso**

d. La temperatura idónea para la retención del gas carbónico en el amasijo es de 23 ºC.

☐ Verdadero
☑ **Falso**

4. Complete la siguiente oración.

La **fermentación** en el proceso de panificación se produce gracias a la **levadura**. La **levadura** está compuesta por células que necesitan alimentarse para sobrevivir y multiplicarse. Los alimentos de la levadura son los **azúcares** existentes en la **harina**. La **levadura,** para poderlos asimilar, descompone los **azúcares** complejos en **azúcares** simples gracias a las enzimas que contiene.

5. De las siguientes afirmaciones, diga cuál es verdadera o falsa.

a. Durante el proceso de panificación se dan cinco tipos de fermentación.

☐ Verdadero
☑ **Falso**

b. El exceso de sal reduce la producción de gas carbónico en la masa panaria.

☑ **Verdadero**
☐ Falso

c. La fermentación acética se produce por la acción de la bacteria *mycoderma acetí.*

☑ **Verdadero**
☐ Falso

d. Un déficit de humedad en la masa durante la fermentación provoca el aumento del volumen de la masa.

☐ Verdadero
☑ **Falso**

Solucionario Bloque 2 Capítulo 8

1. **¿Qué significa greñar en panificación?**

   a. Bolear
   b. Amasar
   c. **Cortar**
   d. Fermentar

2. **¿Qué función tiene el greñado en panificación?**

   a. **Ayudar a la masa a liberar el gas carbónico, provocando el aumento de volumen de las piezas durante su cocción.**
   b. Que la masa respire durante la cocción.
   c. Decorar la superficie de las piezas.
   d. Acortar el proceso de fermentación.

3. **De las siguientes afirmaciones, diga cuál es verdadera o falsa.**

   a. El greñado debe realizarse antes del boleado de las piezas.

      ☐ Verdadero
      ☑ **Falso**

   b. El greñado ha de realizarse con cuchillo de sierra.

      ☐ Verdadero
      ☑ **Falso**

   c. El greñado en la superficie de las masas ha de realizarse con cuchilla bien afilada.

      ☑ **Verdadero**
      ☐ Falso

   d. Cuanto mayor sea la masa, mayor profundidad se debe dar al greñado.

      ☐ Verdadero
      ☑ **Falso**

4. **Complete la siguiente oración.**

El **greñado** se define como el **corte** superficial que se realiza en las masas de pan antes de la **cocción** de estas, con el objetivo de facilitar la salida del **gas carbónico** por el efecto de la **presión** y el trabajo acelerado de las **levaduras** durante la **cocción**, facilitando el **desarrollo** del pan y proporcionando a la pieza un aspecto más **reluciente** y **agradable** una vez terminada de cocer.

5. **De las siguientes afirmaciones, diga cuál es verdadera o falsa.**

    a. El greñado puede ser manual y mecánico.

        ☑ **Verdadero**
        ☐ Falso

    b. El greñado en los obradores artesanales se realiza con máquinas.

        ☐ Verdadero
        ☑ **Falso**

    c. El greñado puede ser de tipo decorativo.

        ☑ **Verdadero**
        ☐ Falso

    d. La textura de la masa no influye en el proceso del greñado de esta.

        ☐ Verdadero
        ☑ **Falso**

Solucionario Bloque 2 Capítulo 9

1. **¿Qué tipo de glaseado se utiliza sobre las piezas de pan para obtener una corteza crujiente?**

    a. Miel
    b. Aceite de oliva
    c. Agua y sal
    d. Maicena y agua hervida

2. **¿En qué consiste glasear una pieza de pan?**

    a. Darle una capa de brillo.
    b. En pintarla para mejorar su presentación.
    c. Tostar una masa.
    d. Añadir un ingrediente sólido para decorar la masa.

3. **De las siguientes afirmaciones, diga cuál es verdadera o falsa.**

    a. El horneado es la finalización en el proceso de elaboración del pan, obteniendo el producto final para su deshorneado y enfriado.

        ☑ **Verdadero**
        ☐ Falso

    b. La temperatura de cocción de la masa del pan oscila entre 200-250 ºC, de forma general, siempre atendiendo al tamaño de la pieza.

        ☑ **Verdadero**
        ☐ Falso

    c. Los glaseados o toques finales a las piezas se suelen realizar una vez amasada la pieza.

        ☐ Verdadero
        ☑ **Falso**

d. Durante la cocción del pan no se produce ninguna transformación físico-química.

☐ Verdadero
☑ **Falso**

4. La humedad y temperatura existente dentro del horno...

a. ... afectarán a la transformación de la masa, dándole más suavidad y ablandura.
b. ... afectará al desarrollo y crecimiento de la masa de pan, permitiendo un mayor volumen del producto.
c. ... permitirá la formación de una corteza menos dura y más crujiente.
d. **Todas las opciones son correctas.**

5. De las siguientes afirmaciones, diga cuál es verdadera o falsa.

a. El tipo de glaseado depende de la naturaleza del mismo y del acabado a alcanzar.

☑ **Verdadero**
☐ Falso

b. Uno de los factores que influyen en la cocción del pan es la humedad y temperatura del horno.

☑ **Verdadero**
☐ Falso

c. El tiempo de cocción de las masas oscila entre 30 y 45 minutos.

☐ Verdadero
☑ **Falso**

Solucionario Bloque 2 Capítulo 10

1. **¿En qué consiste enfriar el pan?**

   a. En echarle aire con un ventilador.
   b. En meter las piezas al frío una vez horneadas.
   c. En echar la masa en hielo crudo.
   d. **En bajar la temperatura de la miga, una vez extraído el pan del horno, hasta alcanzar la temperatura ambiente.**

2. **Las condiciones óptimas de temperatura y humedad del ambiente para un correcto proceso de enfriado son:**

   a. **Una temperatura ambiente de 24 ºC y una humedad relativa del 85 %.**
   b. Una temperatura ambiente de 20 ºC y una humedad relativa del 70 %.
   c. Una temperatura ambiente de 30 ºC y una humedad relativa del 95 %.
   d. Una temperatura ambiente de 18 ºC y una humedad relativa del 80 %.

3. **De las siguientes afirmaciones, diga cuál es verdadera o falsa.**

   a. El tiempo que tarda el pan en alcanzar una humedad igual a la de su entorno se denomina rezumado o resudado.

      ☑ **Verdadero**
      ☐ Falso

   b. El pan tarda en enfriarse 3 horas.

      ☐ Verdadero
      ☑ **Falso**

   c. El enfriamiento se debe realizar colocando los panes en rejillas y separados entre sí.

      ☑ **Verdadero**
      ☐ Falso

    d. El enfriamiento se debe realizar colocando un paño húmedo encima de la pieza.

      ☐ Verdadero
      ☑ **Falso**

4. Complete la siguiente oración.

Para un correcto **enfriamiento** de los panes **horneados** se deben colocar sobre **rejillas** de enfriamiento o encima de **tablas** con el suficiente **espacio** entre ellos para su **aireación,** siendo aconsejable que se encuentren a una temperatura ambiente de entre **18** y **24 ºC,** evitando sacar los panes a un ambiente muy **frío** y con **corrientes de aire,** para impedir que la costra se **cuartee** y la pérdida de **volumen** de la pieza. A este proceso se le denomina proceso de **maduración.**

5. De las siguientes afirmaciones, diga cuál es verdadera o falsa.

    a. Al enfriado del pan se le denomina también asentamiento.

      ☑ **Verdadero**
      ☐ Falso

    b. Si durante el enfriamiento el pan no se airea bien, puede provocar enmohecimiento en la pieza.

      ☑ **Verdadero**
      ☐ Falso

    c. La temperatura interna del pan cuando se ha producido un enfriamiento óptimo es de 30 ºC.

      ☐ Verdadero
      ☑ **Falso**

    d. El pan, una vez sacado del horno, puede ser cortado, obteniendo piezas de gran calidad.

      ☐ Verdadero
      ☑ **Falso**

Solucionario Bloque 2 Capítulo 11

1. **¿A qué se consideran anomalías en el pan?**

   a. **A los posibles problemas que pueda generar un mal procesado en la fases de producción panaria.**
   b. A las deformaciones de un pan.
   c. Es una decoración que se le asigna al pan.
   d. A las fases de producción panaria.

2. **¿A qué se debe que un pan se agriete?**

   a. A que se ha cortado por la mitad.
   b. A una fermentación corta.
   c. **A la falta de gluten en la masa.**
   d. A la cocción de la pieza a temperaturas bajas.

3. **De las siguientes afirmaciones, diga cuál es verdadera o falsa.**

   a. El descascarillado del pan se debe a masas demasiado frías.

   ☑ **Verdadero**
   ☐ Falso

   b. El descascarillado del pan se debe a una gran cantidad de sal.

   ☐ Verdadero
   ☑ **Falso**

   c. El descascarillado del pan se debe a que la harina posee poca maltosa.

   ☑ **Verdadero**
   ☐ Falso

   d. El descascarillado del pan se debe a que la masa está demasiado blanda.

   ☐ Verdadero
   ☑ **Falso**

4. Complete la siguiente oración.

La **corteza** del pan muy oscura es causada por el empleo de harinas procedentes de **trigos germinados**, una corta **fermentación** y una abundancia de **azúcar**.

5. De las siguientes afirmaciones, diga cuál es verdadera o falsa.

a. El exceso de fermentación se debe a la poca cantidad de sal.

☑ **Verdadero**
☐ Falso

b. El envejecimiento del pan es debido al gran volumen de la pieza.

☑ **Verdadero**
☐ Falso

c. Los grumos en la miga se forman por una cocción corta del pan.

☑ **Verdadero**
☐ Falso

d. La falta de greña en una pieza se debe al uso excesivo de levadura.

☑ **Verdadero**
☐ Falso

Solucionario Bloque 2 Capítulo 12

1. **¿En qué consiste la mecanización en los procesos de elaboración del pan?**

   a. En elaborar el pan con máquinas.
   b. **En la utilización de equipos completos de panificación para la elaboración del pan.**
   c. En elaborar el pan de forma artesanal.
   d. En elaborar el pan de forma manual.

2. **¿En qué se diferencia una gran panadería industrial con maquinaria sofisticada de una panadería más pequeña que emplea también maquinaria para la elaboración del pan?**

   a. **En que las panaderías industriales grandes siguen un sistema de elaboración, mientras las pequeñas no.**
   b. En que utilizan máquinas y acción humana.
   c. En que las industrias grandes de panificación elaboran un solo tipo de pan.
   d. En que las industrias grandes poseen una producción limitada.

3. **De las siguientes afirmaciones, diga cuál es verdadera o falsa.**

   a. En las panaderías industriales pequeñas no controlan con exactitud los tiempos, ni la temperatura, ni la humedad de las masas.

      ☑ **Verdadero**
      ☐ Falso

   b. Las panaderías industriales pequeñas utilizan la misma maquinaria en el proceso de elaboración panaria que las industrias grandes.

      ☐ Verdadero
      ☑ **Falso**

   c. Las harinas empleadas para la mecanización en el proceso de producción son de gran fuerza.

      ☐ Verdadero
      ☑ **Falso**

   d. En este modo de elaboración de pan no se emplean levaduras prensadas.

      ☐ Verdadero
      ☑ **Falso**

4. Complete la siguiente oración.

La falta de **reposo** a la que es sometida la **masa** para facilitar el **formado** se verá recompensada durante la **fermentación** y durante los primeros minutos de la **cocción** con el uso de estos **mejorantes** completos, por lo que son precisos los **mejorantes**, ya que para poder prescindir de ellos habría que **reposar** la masa antes y después de la **división**, se tendría que disminuir la dosis de **levadura** y aumentar los tiempos de **reposo** y de **fermentación**.

5. De las siguientes afirmaciones, diga cuál es verdadera o falsa.

   a. Las industrias que utilizan la mecanización en los procesos de elaboración del pan utilizan un sistema directo.

      ☐ Verdadero
      ☑ **Falso**

   b. El reposo de la masa para este tipo de producción es de 10 a 15 minutos.

      ☑ **Verdadero**
      ☐ Falso

   c. El reposo de la masa se realiza una vez dividida y formada.

      ☑ **Verdadero**
      ☐ Falso

   d. Para este proceso de panificación se emplean hornos rotativos.

      ☑ **Verdadero**
      ☐ Falso

Solucionario Bloque 2 Capítulo 13

1. **¿A qué es intolerante una persona celíaca?**

   a. **Al gluten de algunos cereales**
   b. Al almidón
   c. Al azúcar
   d. A la sal

2. **¿Qué tipo de pan debe ingerir una persona diabética?**

   a. Pan común
   b. Pan sin sal
   c. **Pan integral**
   d. Pan ácimo

3. **De las siguientes afirmaciones, diga cuál es verdadera o falsa.**

   a. La harina de maíz y de arroz es tolerable para personas que no admitan el gluten.

      ☑ **Verdadero**
      ☐ Falso

   b. La harina de cebada es la más utilizada para las personas con problemas celíacos.

      ☐ Verdadero
      ☑ **Falso**

   c. La harina de centeno no es apta para los celíacos.

      ☑ **Verdadero**
      ☐ Falso

4. **Complete la siguiente oración.**

   Las **variaciones** que se producen en el proceso de panificación para **celíacos** serían la utilización de harina de maíz y de **arroz**. La harina de **maíz** tiene el inconveniente de carecer de la capacidad de ser **panificable.** Por tal motivo y para obtener el producto deseado, es necesario mezclar la harina de **maíz** con la harina de **arroz**; no obstante, al carecer de **gluten,** que es la sustancia que confiere **volumen** a la masa, estos panes tienen una consistencia más **plana** y más **compacta** que el resto.

5. **De las siguientes afirmaciones, diga cuál es verdadera o falsa.**

   a. La diabetes es un desorden del metabolismo.

      ☑ **Verdadero**
      ☐ Falso

   b. El pan integral es el elaborado por trituración del grano completo sin separar ninguna parte del mismo.

      ☑ **Verdadero**
      ☐ Falso

   c. La intolerancia a la lactosa es la insolvencia para digerir cantidades significativas de este azúcar de la leche.

      ☑ **Verdadero**
      ☐ Falso

Solucionario Bloque 3 Capítulo 1

1. ¿A qué se designa pan precocido?

   a. A un pan que ha sido sometido al frío en su proceso de elaboración.
   b. A una masa precocida, conservada en congelación y horneada en el punto donde se comercialice.
   c. A una masa cruda y congelada.
   d. A una masa cruda y refrigerada.

2. ¿Qué tipo de harina se emplea para elaborar pan precocido?

   a. Harina de centeno
   b. Harina de fuerza
   c. Harina de media fuerza
   d. Harina floja

3. De las siguientes afirmaciones, diga cuál es verdadera o falsa.

   a. Es conveniente seguir un orden para agregar los ingredientes en el amasijo de los panes precocidos.

      ☑ **Verdadero**
      ☐ Falso

   b. La calidad de la harina no influye en la elaboración de panes precocidos.

      ☐ Verdadero
      ☑ **Falso**

   c. A mayor cantidad de levadura en una masa de pan precocido, mayor tiempo de reposo.

      ☐ Verdadero
      ☑ **Falso**

   d. En los panes precocidos, en la fermentación, la temperatura no debe superar los 35 °C y la humedad relativa ambiente debe oscilar entre el 65 y el 85 %.

      ☑ **Verdadero**
      ☐ Falso

4. Complete la siguiente oración.

Las masas **de pan congelado** son **congeladas** normalmente después del **formado** de las piezas. El **proceso** consiste en guardar las masas en el **congelador** una vez **formadas** las piezas; cuando sea necesario sacarlas, se colocarán en **bandejas** y se introducirán en cámaras de **temperatura controlada** para su **fermentado**.

5. De las siguientes afirmaciones, diga cuál es verdadera o falsa.

a. La harina utilizada para las masas congeladas es harina de media fuerza.

☑ **Verdadero**
☐ Falso

b. El porcentaje de agua en la elaboración de las masas congeladas se bajará en un 12 % respecto de un amasijo.

☐ Verdadero
☑ **Falso**

c. La temperatura de amasado de las masas congeladas será de entre 19 y 20 °C.

☑ **Verdadero**
☐ Falso

d. La temperatura de conservación de las masas congeladas debe ser de entre -18 y -20 °C.

☑ **Verdadero**
☐ Falso

Solucionario Bloque 3 Capítulo 2

1. **¿En qué consiste la fermentación controlada?**

    a. **En disminuir o ralentizar la fermentación por acción del frío sobre la levadura.**
    b. En congelar la masa de pan en crudo.
    c. En someter la masa a una fermentación muy prolongada.
    d. En reactivar la masa panaria hasta alcanzar el doble de su volumen.

2. **¿Qué temperatura debe tener la cámara de fermentación controlada en la fase de bloqueo de un pan de 100 g?**

    a. -10 ºC
    b. -6 ºC
    c. **-2 ºC**
    d. -4 ºC

3. **De las siguientes afirmaciones, diga cuál es verdadera o falsa.**

    a. Las cámaras de fermentación controlada se fundamentan en la fermentación por acción del frío sobre la levadura.

        ☑ **Verdadero**
        ☐ Falso

    b. La temperatura en la fermentación no afecta al proceso.

        ☐ Verdadero
        ☑ **Falso**

    c. La programación de la cámara de fermentación controlada no dependerá del tamaño y volumen de las piezas.

        ☐ Verdadero
        ☑ **Falso**

d. Al mantenerse la masa en refrigeración, se ha de conservar a una temperatura de 2 ºC.

☑ **Verdadero**
☐ Falso

4. Complete la siguiente oración.

La fermentación controlada y aletargada se realiza en **cámaras de fermentación controlada** y se fundamentada en **disminuir o ralentizar** la fermentación por acción del **frío** sobre la **levadura**. El frío es un **catalizador** que permite **sistematizar** la velocidad de las reacciones químicas de la **levadura** en las masas de panificación.

5. De las siguientes afirmaciones, diga cuál es verdadera o falsa.

a. El calentamiento se origina con la reanudación y el desarrollo de la fermentación mediante la subida térmica progresiva.

☑ **Verdadero**
☐ Falso

b. En la fase de fermentación, en la cámara de fermentación controlada se ha de aumentar la humedad por encima del 70 %.

☑ **Verdadero**
☐ Falso

Solucionario Bloque 3 Capítulo 3

1. ¿En qué consiste la ultracongelación?

   a. En enfriar una pieza lo más rápido posible.
   b. En conservar una masa de pan.
   c. Es un método de conservación muy antiguo.
   d. En una congelación en tiempo muy rápido a una temperatura muy baja.

2. Los alimentos ultracongelados, una vez adquiridos, se conservan en las cámaras de congelación a...

   a. ... -15 ºC.
   b. ... -18 o -20 ºC.
   c. ... -40 ºC.
   d. ... 25 ºC.

3. De las siguientes afirmaciones, diga cuál es verdadera o falsa.

   a. Los alimentos no poseen apenas agua.

   ☐ Verdadero
   ☑ **Falso**

   b. El tiempo que tarda la ultracongelación en congelar una masa de pan es de 120 minutos como máximo.

   ☑ **Verdadero**
   ☐ Falso

   c. En la ultracongelación, el agua solidifica y crea grandes cristales.

   ☐ Verdadero
   ☑ **Falso**

4. **Complete las siguientes oraciones.**

   La ultracongelación consiste en una **congelación** en tiempo muy **rápido**, a una **temperatura** muy baja, lo que permite **conservar** al máximo la estructura **física** de los productos alimenticios.

Los alimentos **ultracongelados,** una vez adquiridos, se **conservan** en las cámaras de congelación a unos **-18 o -20 ºC.**

5. **De las siguientes afirmaciones, diga cuál es verdadera o falsa.**

   a. En la ultracongelación, si la masa se congela sin fermentar, no se le da la forma.

      ☑ **Verdadero**
      ☐ Falso

   b. En la ultracongelación, si la masa es congelada posteriormente a su fermentación, se congela con la forma correspondiente a la pieza a elaborar.

      ☑ **Verdadero**
      ☐ Falso

   c. Las piezas se congelan de forma suelta y sin embalar.

      ☐ Verdadero
      ☑ **Falso**

   d. La calidad de los ingredientes no influye en la ultracongelación.

      ☐ Verdadero
      ☑ **Falso**

Solucionario Bloque 3 Capítulo 4

1. **En el proceso de panificación sistematizada...**

   a. **... todos los ingredientes son incorporados en la amasadora a la vez, a excepción de la levadura, que se incorpora más tarde.**
   b. ... todos los ingredientes son incorporados a la vez, inclusive la levadura.
   c. ... todos los ingredientes son incorporados a la vez, a excepción de la harina.
   d. ... los ingredientes son incorporados por orden y de uno en uno.

2. **El sabor y aroma de los panes precocidos y masas congeladas repercute en...**

   a. ... el tipo de sal.
   b. **... la variedad y el grado de extracción y de maduración de la harina.**
   c. ... en el proceso de elaboración.
   d. ... en la exposición del producto en el punto caliente.

3. **De las siguientes afirmaciones, diga cuál es verdadera o falsa.**

   a. La harina a utilizar en los panes precocidos es en general de poca fuerza.

   ☐ Verdadero
   ☑ **Falso**

   b. El contenido en gluten de la harina provoca la prolongación de la vida del producto final en los panes precocidos.

   ☑ **Verdadero**
   ☐ Falso

   c. La dosis de sal y levadura en los panes precocidos se mantiene igual que en las masas artesanales.

   ☑ **Verdadero**
   ☐ Falso

   d. En las masas congeladas, la proporción de levadura hay que aumentarla en un 5 % más.

   ☑ **Verdadero**
   ☐ Falso

4. Complete la siguiente oración:

El amasado es una fase decisiva en la **calidad** del pan sistematizado. En esta etapa, influirá tanto el tipo de **amasadora**, como la velocidad a la que se realiza el **amasado**, la duración y la capacidad de la **cuba**. Consiste en **trabajar** las materias primas aplicadas para garantizar la **mezcla** de las mismas y obtener de esta forma una masa **consistente**, elástica y **homogénea**. Una buena masa debe estar dotada de **cuerpo**, flexibilidad, grado de **hidratación** y no debe ser **pegajosa**.

5. De las siguientes afirmaciones, diga cuál es verdadera o falsa.

a. En el amasado para los panes precocidos hay que tener en cuenta las características de la harina.

☑ **Verdadero**
☐ Falso

b. La temperatura de las masas en los panes precocidos ha de ser de 55 °C en su interior.

☑ **Verdadero**
☐ Falso

c. La congelación de las masas congeladas crudas se regula en función al tipo y peso del producto panario.

☑ **Verdadero**
☐ Falso

d. En las masas congeladas, la temperatura interna de estas en conservación debe ser de -20 °C.

☐ Verdadero
☑ **Falso**

Solucionario Bloque 3 Capítulo 5

1. **Un envejecimiento prematuro de una pieza de pan puede ser debido a...**

   a. ... un exceso de humedad durante la congelación.
   b. **... una mala descongelación o falta de humedad.**
   c. ... un escaso proceso de cocción.
   d. ... una correcta cocción.

2. **De las siguientes afirmaciones, diga cuál es verdadera o falsa.**

   a. Una pieza de pan puede ser descascarillada por la pérdida de humedad durante la cocción.

   ☑ **Verdadero**
   ☐ Falso

   b. Los panes precocidos no necesitan conservación.

   ☐ Verdadero
   ☑ **Falso**

   c. La apertura frecuente de la fermentadora no afecta en la calidad del producto.

   ☐ Verdadero
   ☑ **Falso**

   d. Para una correcta ventilación y aireación a la masa en la fermentadora controlada, los aires de la fermentadora deben estar bien distribuidos.

   ☑ **Verdadero**
   ☐ Falso

3. **Complete la siguiente oración:**

   La **incorrecta** manipulación de los productos **panarios** que han sido **tratados** con las nuevas tecnologías **del frío** y la falta de responsabilidad en la **calidad** de producción necesaria para su **fabricación,** conllevan una serie de **alteraciones** que repercuten en el fruto en sí, obteniendo productos de inferior **calidad** visual, gustativa, olfativa y de

textura, lo que, a su vez, repercute en la venta y **consumo** de estos tipos de productos, pudiendo ser **rechazados** en caso de que no haya **mejoría.**

4. **De las siguientes afirmaciones, diga cuál es verdadera o falsa.**

   a. Una masa en la fermentadora controlada en régimen de frío aumenta el volumen cuando esta está bien cerrada.

   ☐ Verdadero
   ☑ **Falso**

   b. La dosificación de la levadura es muy importante para masas que se someten a fermentación controlada.

   ☑ **Verdadero**
   ☐ Falso

   c. Las ampollas en los panes se producen por introducirlas en el horno cuando este está aún frío.

   ☑ **Verdadero**
   ☐ Falso

   d. Cuando la congelación de una masa no ha sido la adecuada se percibe en determinada zona de la miga con la mala cristalización del gluten.

   ☑ **Verdadero**
   ☐ Falso

Solucionario Bloque 3 Capítulo 6

1. **La ultracongelación se aplica a...**

   a. ... productos de elevado consumo.
   b. ... productos de mínimo consumo.
   c. ... todo tipo de productos.
   d. No es aplicable a ningún producto.

2. **Con la ultracongelación se pretende que el interior del producto alcance la temperatura de...**

   a. ... -40 °C.
   b. ... -30 °C.
   c. ... entre -18 y -20 °C.
   d. ... -10 °C.

3. **De las siguientes afirmaciones, diga cuál es verdadera o falsa.**

   a. La ultracongelación es un método de conservación.

      ☑ **Verdadero**
      ☐ Falso

   b. La regeneración es la reutilización de un producto en estado de conservación.

      ☑ **Verdadero**
      ☐ Falso

   c. Para que un producto esté en regeneración debe alcanzar los 90 °C en su interior.

      ☐ Verdadero
      ☑ **Falso**

   d. Para regenerar un producto se necesita un abatidor de temperatura.

      ☐ Verdadero
      ☑ **Falso**

4. Complete las siguientes oraciones:

La regeneración es el **proceso** por el que una preparación, en este caso una masa de panadería, previamente **conservada** se pone en disposición de ser **manipulada** en condiciones **idóneas**.

Para **conseguirlo** se deben alcanzar los 70 °C en el **corazón** del producto en un tiempo inferior a **2** horas.

5. De las siguientes afirmaciones, diga cuál es verdadera o falsa.

a. Para masas ultracongeladas, la descongelación para su posterior utilización se realiza a temperatura ambiente.

☐ Verdadero
☑ **Falso**

b. Una masa ultracongelada se descongela y puede ser posteriormente congelada, preservando todas sus cualidades.

☐ Verdadero
☑ **Falso**

c. La ultracongelación es un método que garantiza la calidad del producto, manteniendo y conservando las cualidades de este.

☑ **Verdadero**
☐ Falso

Solucionario Bloque 3 Capítulo 7

1. **Una de las ventajas del frío en panadería es:**

   a. **Proporcionar pan caliente las 24 horas del día.**
   b. Aumento de las horas de trabajo.
   c. Bajo coste de las materias primas.
   d. Mano de obra mejor remunerada.

2. **Uno de los inconvenientes del uso del frío en panadería es:**

   a. Elevada producción de pan.
   b. Jornada laboral más larga.
   c. **Gran inversión de capital para el empresario.**
   d. Mano de obra peor remunerada.

3. **De las siguientes afirmaciones, diga cuál es verdadera o falsa.**

   a. Con el nuevo sistema de panificación, los panes son menos voluminosos.

      ☑ **Verdadero**
      ☐ Falso

   b. Con el nuevo sistema de panificación, los panes son de mejor sabor que los artesanales.

      ☐ Verdadero
      ☑ **Falso**

   c. El nuevo sistema de panificación trata del uso del frío para la elaboración de los panes.

      ☑ **Verdadero**
      ☐ Falso

4. **Complete la siguiente oración:**

   Los avances **tecnológicos** que ofrece el nuevo sistema producción **panadera** del empleo del **frío** ofertan productos muy versátiles con unas **ventajas** e inconvenientes que tienen que ser asumidos y **reconocidos** tanto por el profesional como por el **consumidor.**

5. De las siguientes afirmaciones, diga cuál es verdadera o falsa.

a. Con el nuevo sistema de panificación, la inversión por parte del empresario es enorme.

☑ **Verdadero**
☐ Falso

b. Con el nuevo sistema de panificación, la producción de pan es constante y continua.

☑ **Verdadero**
☐ Falso

c. Con el nuevo sistema de panificación, se reduce la dependencia de la mecanización.

☐ Verdadero
☑ **Falso**

d. Con el nuevo sistema de panificación, hay mayor pérdida de costo por devoluciones de pan duro.

☐ Verdadero
☑ **Falso**

Solucionario 3

Elaboración de productos de bollería

Solucionario Bloque 1 Capítulo 1

1. **De las siguientes afirmaciones, diga cuál es verdadera o falsa.**

   a. Los hojaldres pertenecen a la pastelería.

   ☑ **Verdadero**
   ☐ Falso

   b. La bollería utiliza muchas elaboraciones de pastelería.

   ☑ **Verdadero**
   ☐ Falso

   c. La forma más adecuada de cocer las piezas de bollería es el vapor.

   ☐ Verdadero
   ☑ **Falso**

2. **Rellene los huecos con los términos que correspondan.**

   Bollería son todos aquellos productos alimenticios elaborados básicamente con **masa** de harinas **fermentadas** y que han sido sometidos a un tratamiento **térmico** adecuado. Pueden contener otros alimentos, complementos panarios y aditivos autorizados.

3. **Dentro de la bollería, las elaboraciones se dividen en dos familias. Estas son:**

   a. Bollería blanda y crujiente
   b. Bollería rellena y común
   c. Bollería llena y común
   d. Bollería salada y común

4. Los productos semielaborados precocidos son aquellos que...

    a. ... se han cocido mucho antes de ponerse a la venta.

    b. ... se fríen en el horno.

    c. ... se congelan una vez que se ha acabado el proceso de cocción para aumentar su conservación.

    d. ... se cuecen parcialmente para acabar de cocerse una vez vayan a consumirse.

5. Las masas batidas se basan en el batido del huevo para producir burbujas que luego esponjen con la cocción. ¿A qué disciplina pertenecen?

    a. Bollería

    b. Confitería

    c. Pastelería

    d. Refinería

Solucionario Bloque 1 Capítulo 2

1. **De las siguientes afirmaciones, indique cuál es incorrecta.**

   a. La función principal del azúcar es mejorar el sabor de la pieza.
   b. La goma guar puede hacer una función similar a la del gluten.
   c. Las grasas saturadas se enrancian menos.
   d. Los diabéticos pueden comer azúcar.

2. **Rellene los huecos con los términos que correspondan en cada caso.**

   Las grasas se dividen fundamentalmente en: grasas **insaturadas**, más saludables, y grasas **saturadas**, no tan buenas para la salud.

3. **De las siguientes afirmaciones, diga cuál es verdadera o falsa.**

   a. El gluten no se puede sustituir por ningún ingrediente.

   ☐ Verdadero
   ☑ **Falso**

   b. Los diabéticos son alérgicos a la glucosa.

   ☐ Verdadero
   ☑ **Falso**

   c. El componente principal de las grasas en bollería son los ácidos grasos.

   ☑ **Verdadero**
   ☐ Falso

   d. El aceite de oliva es una grasa insaturada.

   ☑ **Verdadero**
   ☐ Falso

4. El gluten del trigo es una combinación de...

    a. **... gliadina y glutenina.**
    b. ... glutenina y orzeína.
    c. ... zeína y orzeína.
    d. Todas las opciones son incorrectas.

5. Relacione cada prolamina con el cereal que la contiene.

Prolamina

    a. Orzeína
    b. Avenina
    c. Gliadina
    d. Zeína

Cereal

    d. Maíz
    c. Trigo
    b. Avena
    a. Arroz

Solucionario Bloque 1 Capítulo 3

1. **De las siguientes afirmaciones, diga cuál es verdadera o falsa.**

    a. Con la masa de bollería común únicamente se elaboran bollos, como su nombre indica.

    ☐ Verdadero
    ☑ **Falso**

    b. La harina es la unidad referente a la hora de establecer el porcentaje de los demás ingredientes.

    ☑ **Verdadero**
    ☐ Falso

    c. Los ingredientes de una fórmula se pueden expresar tanto en gramos como en tantos por cientos.

    ☑ **Verdadero**
    ☐ Falso

    d. Los cruasanes se elaboran con masa de bollería frita.

    ☐ Verdadero
    ☑ **Falso**

2. **De las siguientes afirmaciones sobre la bollería hojaldrada, indique cuál es la correcta.**

    a. La cantidad de margarina o mantequilla es mínima.
    b. La cantidad de margarina o mantequilla aumenta en comparación con la masa de bollería común.
    c. La cantidad de margarina o mantequilla es menor que en la bollería común.
    d. La cantidad de margarina o mantequilla supera la presencia de harina.

3. El símbolo > < referido a un ingrediente en una fórmula significa...

    a. ... que no es relevante su presencia.
    b. ... que no debe incorporarse a la fórmula.
    c. ... que la cantidad necesaria depende de la decisión del profesional.
    d. ... que la cantidad necesaria está por encima del límite establecido.

4. La fórmula correcta para calcular el porcentaje de una cifra es:

    a. Cantidad total X porcentaje/100.
    b. Cantidad total - porcentaje/100.
    c. Cantidad del porcentaje + cantidad total/100.
    d. Cantidad total/porcentaje X 100.

5. Indique cuál de los siguientes tipos de masas es más parecido a la masa de bollería hojaldrada.

    a. Masa de bollería para fritura
    b. Masa de bollería común
    c. Masa de bollería danesa
    d. Todas las opciones son incorrectas.

Solucionario Bloque 1 Capítulo 4

1. **Indique cuáles de las siguientes afirmaciones pertenecen al método de esponja y cuáles al método directo.**

   a. Ayuda a reducir el uso de mejorantes en la masa.

   ☑ **Método esponja**
   ☐ Método directo

   b. Aporta mayor grado de elasticidad a la masa.

   ☑ **Método esponja**
   ☐ Método directo

   c. Requiere un 10 % de levadura más que el otro método.

   ☐ Método esponja
   ☑ **Método directo**

   d. Reduce la necesidad de mano de obra.

   ☐ Método esponja
   ☑ **Método directo**

2. **Indique cuál de los siguientes tipos de levadura NO es una levadura propiamente dicha:**

   a. Levadura prensada
   b. Levadura natural
   c. Levadura liofilizada
   d. **Levadura química**

3. **Ordene las fases de la realización de la esponja.**

   a. Añadir el agua y la levadura.
   b. Incorporar los ingredientes de la masa total.
   c. Dejar fermentar como mínimo dos horas.
   d. Separar una parte de la cantidad total de harina.
   e. Amasar todos los ingredientes.

4. Relacione cada uno de los siguientes términos con la definición que corresponda: fuerza de la harina, Saccharomyces Cerevisiae, levaduras, gasificante.

    a. Está compuesta por uno, dos o tres productos químicos que, por efecto de la humedad de la masa y el calor del horno, reaccionan entre sí produciendo diferentes gases. **GASIFICANTE**

    b. Se encuentran en el ambiente, sobre todo en los alimentos sin refinar, como el trigo integral, las pasas, etcétera. **LEVADURAS**

    c. En la industrial actual, su uso está muy generalizado. **SACCHAROMYCES CEREVISIAE**

    d. Cuanto mayor sea su grado, menos levadura será necesaria. **FUERZA DE LA HARINA**

5. El rango de temperatura adecuado para una buena maduración de la esponja es:

    a. De 20 a 26 ºC.

    b. De 22 a 50 ºC como máximo, ya que a partir de esa temperatura las levaduras empiezan a morir.

    c. **De 22 a 26 ºC.**

    d. De 18 a 22 ºC.

Solucionario Bloque 1 Capítulo 5

1. **La reología es la parte de la ciencia que estudia...**

   a. **... el comportamiento de los cuerpos al ser sometidos a alguna fuerza.**
   b. ... el comportamiento de los cuerpos al ser sometidos al calor.
   c. ... el comportamiento de los cuerpos al ser sometidos a la humedad.
   d. ... el comportamiento de los cuerpos al ser sometidos a la refrigeración.

2. **¿Cuáles de las siguientes características hacen referencia a aquellas que se perciben directamente a través de los sentidos?**

   a. Características físicas
   b. Características reológicas
   c. **Características organolépticas**
   d. Características químicas

3. **De las siguientes afirmaciones, diga cuál es verdadera o falsa.**

   a. La tenacidad refleja la resistencia que presenta la masa ante el estiramiento.

   ☑ **Verdadero**
   ☐ Falso

   b. El alveógrafo de Chaplin sirve para medir las características reológicas de las masas.

   ☐ Verdadero
   ☑ **Falso**

   c. Los azúcares son un tipo de vitaminas esenciales para el organismo.

   ☐ Verdadero
   ☑ **Falso**

   d. Las grasas ayudan a la absorción de calcio y aportan energía.

   ☑ **Verdadero**
   ☐ Falso

4. Las masas de bollería ofrecen mucha resistencia al tránsito de calor por su materia. Indique cómo se denomina ese parámetro.

    a. Conectividad
    b. Conductibilidad
    c. Conductividad
    d. Todas las opciones son incorrectas.

5. Indique cuál de las siguientes afirmaciones sobre la proteína de las masas es incorrecta.

    a. Un tipo de proteínas son llamadas enzimas.
    b. Tiene una importancia fundamental en la formación de gluten.
    c. La cantidad total la aportan el huevo y la leche.
    d. Constituyen entre 10 y 14 % de la harina.

Solucionario Bloque 1 Capítulo 6

1. **Indique si los siguientes productos parten de una masa de bollería común, hojaldrada o _brioche_.**

    a. Donut.

      ☑ **Bollería común.**
      ☐ Bollería hojaldrada.
      ☐ _Brioche._

    b. Napolitana.

      ☐ Bollería común.
      ☑ **Bollería hojaldrada.**
      ☐ _Brioche._

    c. Muselina.

      ☐ Bollería común.
      ☐ Bollería hojaldrada.
      ☑ _**Brioche.**_

    d. Trenza.

      ☑ **Bollería común.**
      ☐ Bollería hojaldrada.
      ☐ _Brioche._

2. **Indique cuál de las siguientes afirmaciones sobre las grasas es incorrecta.**

    a. Aumentan la suavidad de las piezas.
    b. Unas aportan más calorías que otras.
    c. **Evitan que la pieza se enrancie.**
    d. Ayudan a que la miga no se deshaga.

3. De las siguientes afirmaciones, diga cuál es verdadera o falsa.

a. El azúcar no aporta color a la pieza, ya que es blanco y se disuelve en el agua.

☐ Verdadero
☑ **Falso**

b. La bollería se vale muchas veces de otras ramas de la gastronomía para definir sus elaboraciones.

☑ **Verdadero**
☐ Falso

c. Las grasas saturadas son productos que se manipulan con mayor facilidad.

☑ **Verdadero**
☐ Falso

d. La leche es uno de los emulsionantes más usados en bollería.

☐ Verdadero
☑ **Falso**

4. La pirámide alimenticia...

a. ... expresa aquellos alimentos perjudiciales para la salud, siendo los de la base los más dañinos y los del vértice los menos tóxicos.
b. ... informa del número de calorías que debe ingerir una persona al mes.
c. **... considera que los cereales y el arroz tienen un papel importante en la dieta.**
d. ... es útil solo para personas adultas o sometidas a alguna dieta.

5. Rellene con el término adecuado los espacios en blanco.

La **palatabilidad** de una pieza hace referencia a su capacidad para producir placer en el que la consume. Las grasas son ingredientes que la fomentan.

Por otro lado, el color tostado de las piezas de bollería se debe a un fenómeno químico denominado **reacción** de **Maillard**. En él están implicados el calor, las proteínas y los **azúcares**.

Solucionario Bloque 1 Capítulo 7

1. **De las siguientes afirmaciones, diga cuál es verdadera o falsa.**

    a. El análisis físico-químico se centra en el sabor, aroma y textura de la pieza de bollería.

    ☐ Verdadero
    ☑ **Falso**

    b. El calcio es un tipo de proteína muy importante para los tejidos del cuerpo de los seres vivos.

    ☐ Verdadero
    ☑ **Falso**

    c. El unami es uno de los cinco sabores capaces de ser percibidos por el ser humano.

    ☑ **Verdadero**
    ☐ Falso

    d. La cata de productos se hace de forma grupal.

    ☑ **Verdadero**
    ☐ Falso

2. **Indique cuál de los siguientes tipos de análisis está destinado a establecer las diferencias entre diferentes productos y no a definir sus características.**

    a. Análisis descriptivo
    b. Análisis del consumidor
    c. **Análisis discriminatorio**
    d. Todas las opciones son incorrectas.

3. **Indique cuál de las siguientes afirmaciones sobre el análisis del consumidor es incorrecta.**

    a. **Los catadores que intervienen son personas habituadas a la cata.**
    b. Los catadores consumen habitualmente el producto en cuestión.

    c. La subjetividad del catador tiene una gran importancia.

    d. Es necesario que participe un número considerable de catadores.

4. Ordene los pasos necesarios para catar una pieza de bollería: aroma, textura, aspecto, sabor, olor.

Pasos de una cata:

    1. Aspecto
    2. Textura
    3. Olor
    4. Aroma
    5. Sabor

5. Las características reológicas de las masas son indispensables para la formación de una buena pieza de bollería. ¿Qué característica organoléptica de la bollería está especialmente relacionada con ellas?

    a. Humedad
    b. Color
    c. Textura
    d. Sabor

Solucionario Bloque 2 Capítulo 1

1. Una de las diferencias entre los obradores industriales y los artesanales es el número de trabajadores contratados. ¿Cuántos existen en un obrador artesanal?

    a. **Hasta 10 trabajadores.**
    b. Más de 10 trabajadores.
    c. Menos de 10 trabajadores.
    d. Solo 10 trabajadores.

2. Indique cuál de las siguientes afirmaciones sobre los obradores industriales es incorrecta.

    a. Están dotados de sistemas de producción continuos.
    b. **Su nivel de producción es tan elevado que el almacenaje de sus productos no dura apenas 2 días.**
    c. Sus productos se distribuyen a escala nacional e internacional.
    d. El envasado de los productos es mecánico.

3. El agua no potable en un obrador...

    a. ... no puede existir, pues la bollería es un alimento y, por tanto, exige agua potable.
    b. ... se puede utilizar en pequeñas dosis, siempre y cuando esté equilibrada con una proporción de agua potable.
    c. ... puede utilizarse sin problema, pues el calor del horno elimina todos los gérmenes existentes.
    d. **... puede utilizarse, pero para fines que no tengan relación directa con el consumo, como puede ser el sistema antiincendios.**

4. De las siguientes afirmaciones, diga cuál es verdadera o falsa.

    a. La pintura plástica es uno de los materiales que mejor permiten la desinfección de las paredes.

        ☐ Verdadero
        ☑ **Falso**

b. En las zonas frías se trabaja con cremas y otros productos susceptibles de desarrollar microorganismos.

☑ **Verdadero**
☐ Falso

c. Las grasas utilizadas para la lubricación de las máquinas serán siempre aptas para el consumo humano.

☑ **Verdadero**
☐ Falso

d. Las brochas de silicona no se usan en bollería porque no son tan eficientes como las de cerdas de fibra.

☐ Verdadero
☑ **Falso**

5. Indique cuáles de los siguientes ingredientes son perecederos y cuáles no perecederos: nata, harina, azúcar, mantequilla, huevo, leche fresca, sal y especias.

Perecederos

Nata
Mantequilla
Huevo
Leche fresca

No perecederos

Harina
Azúcar
Sal
Especias

Solucionario Bloque 2 Capítulo 2

1. **De las siguientes afirmaciones, diga cuál es verdadera o falsa.**

   a. Los sistemas de medición automatizados son poco fiables.

   ☐ Verdadero
   ☑ **Falso**

   b. Una forma habitual de dosificar es teniendo en cuenta la información sobre el peso que da el envase del ingrediente.

   ☑ **Verdadero**
   ☐ Falso

   c. El sistema de medición imperial se practica en países vinculados históricamente con Inglaterra.

   ☑ **Verdadero**
   ☐ Falso

   d. Una onza equivale en torno a ½ kg.

   ☐ Verdadero
   ☑ **Falso**

2. **¿Cuál es el único ingrediente cuyo peso es igual que su volumen?**

   El agua.

3. **Para una receta de cruasanes rellenos, es necesario montar 3000 cm3 de leche. ¿Cuántos cartones de 1 litro necesitará utilizar?**

   a. ½ cartón.
   b. 1 cartón.
   c. 2 cartones.
   d. **3 cartones.**

4. La función de tara...

  a. ... permite aumentar la capacidad máxima de la báscula.
  b. **... permite pesar una cantidad sin contar el peso añadido del recipiente.**
  c. ... permite pesar las cantidades con un mayor grado de precisión.
  d. ... permite cambiar de sistema de medición de forma rápida.

5. Indique cuál de las siguientes afirmaciones es incorrecta.

  a. **Las dosificadoras de agua solo sirven para contar litros.**
  b. Las dosificadoras de agua son capaces de analizar el pH del agua.
  c. Las dosificadoras de agua pueden estar dotadas de varias tomas de agua.
  d. Las dosificadoras de agua se instalan en la toma de agua del obrador.

Solucionario Bloque 2 Capítulo 3

1. El amasado correcto...

    a. ...es aquel que ha cumplido exactamente con el tiempo indicado en la receta.
    b. ... se percibe cuando la masa comienza a despegarse de las paredes.
    c. ... es aquel que no excede de 10 minutos.
    d. ... da como resultado una masa dura y seca.

2. Indique cuál de estas variables no afecta al amasado.

    a. Grasas
    b. Tiempo
    c. Temperatura
    d. Intensidad de la luz

3. De las siguientes afirmaciones, diga cuál es verdadera o falsa.

    a. Una baja hidratación hace que las masas sean más tenaces.

        ☑ **Verdadero**
        ☐ Falso

    b. Si la temperatura final de la masa es demasiado baja, es recomendable dejar que la masa repose en bloque.

        ☑ **Verdadero**
        ☐ Falso

    c. La oxidación en las masas tiene la función de degradar el gluten.

        ☐ Verdadero
        ☑ **Falso**

    d. Gracias a su capacidad lubricante, la presencia de grasa en gran proporción beneficia la formación de la malla de gluten.

        ☐ Verdadero
        ☑ **Falso**

4. **Complete el siguiente texto.**

El **fresado** puede denominarse como la primera fase del **amasado** en la que los ingredientes aún no han formado una masa.

5. **Para poder aumentar la temperatura de la masa un grado, será necesario...**

    a. **... aumentar tres grados la temperatura de los líquidos.**
    b. ... aumentar otro grado la temperatura de los líquidos.
    c. ... aumentar dos grados la temperatura de los líquidos.
    d. Todas las opciones son incorrectas.

Solucionario Bloque 2 Capítulo 4

1. **Indique a qué tipo de reposo corresponden las siguientes afirmaciones:**

   a. Incrementa la velocidad de fermentación.

      ☑ **En bloque.**
      ☐ En porciones.

   b. Incrementa la elasticidad de la masa.

      ☐ En bloque.
      ☑ **En porciones.**

   c. Facilita el formado de las piezas.

      ☐ En bloque.
      ☑ **En porciones.**

   d. Refuerza la cadena de gluten.

      ☑ **En bloque.**
      ☐ En porciones.

2. **La fermentación intermedia coincide con...**

   a. **... el reposo en bolas tras el boleado.**
   b. ... el reposo en bloque.
   c. ... el amasado, ya que la fermentación existe desde ese mismo momento.
   d. ... la entrada de las piezas en el horno.

3. **El proceso que reduce el tiempo de amasado y la oxidación excesiva se denomina...**

   ... autolisis.

4. De las siguientes afirmaciones, diga cuál es verdadera o falsa.

   a. El reposo de la bollería hojaldrada se hace al final del hojaldrado.

      ☐ Verdadero
      ☑ **Falso**

   b. El aumento de la dosis de levadura en una masa requiere de un mayor tiempo de reposo.

      ☐ Verdadero
      ☑ **Falso**

   c. Es recomendable realizar los reposos de la bollería hojaldrada en cámaras frigoríficas.

      ☑ **Verdadero**
      ☐ Falso

   d. El limón y el vinagre reducen la fuerza de las masas.

      ☑ **Verdadero**
      ☐ Falso

5. ¿Cuál de las siguientes cámaras es la más adecuada para masas muy hidratadas?

   a. **Cámara de reposo dinámica.**
   b. Cámara de fermentación.
   c. Cámara de fermentación intermedia estática.
   d. Cámara de refrigeración.

Solucionario Bloque 2 Capítulo 5

1. **¿En qué fase se recupera la elasticidad perdida de la masa?**

   a. Formado
   b. Reposo en pieza
   c. Heñido
   d. División

2. **Indique cuál de las siguientes afirmaciones sobre el formado es incorrecta.**

   a. La masa debe haber recibido el tiempo de reposo adecuado.
   b. Cuanto mayor sea la tenacidad de la masa, más fácil será su manipulación.
   c. No permite correcciones del peso de la masa.
   d. Todas las opciones son correctas.

3. **¿Cuál de los siguientes sistemas de división está basado en la presión de un tornillo helicoidal?**

   a. Divisora volumétrica de extrusión.
   b. Divisora volumétrica de pistón.
   c. Divisora volumétrica de palanca.
   d. Divisora volumétrica hidráulica.

4. **De las siguientes afirmaciones, diga cuál es verdadera o falsa.**

   a. El uso excesivo de aceite para la manipulación de las masas puede llegar a aumentar excesivamente su extensibilidad.

   ☑ **Verdadero**
   ☐ Falso

   b. La división volumétrica se basa en la información que da la balanza del obrador.

   ☐ Verdadero
   ☑ **Falso**

c. Las cámaras de reposo dinámicas se caracterizan por requerir que el profesional las llene y las vacíe de piezas constantemente.

☐ Verdadero
☑ **Falso**

d. El reposo de las bolas de masa debe transcurrir bajo telas o plásticos que eviten la formación de una costra sobre su superficie.

☑ **Verdadero**
☐ Falso

5. **La harina es uno de los ingredientes fundamentales de cualquier elaboración de bollería. Indique cuál de las siguientes afirmaciones es la correcta.**

a. Su uso excesivo durante la manipulación es irrelevante, ya que se mezcla con la masa y desaparece.
b. **Su uso excesivo durante la manipulación favorece la aparición de vetas indeseadas durante la cocción.**
c. Su uso excesivo durante la manipulación aumenta la tenacidad de la masa, haciéndola más apta para piezas de gran tamaño.
d. Su uso excesivo durante la manipulación enriquece las masas.

Solucionario Bloque 2 Capítulo 6

1. **La masa de cruasán, como masa de bollería hojaldrada, adquiere volumen gracias a las capas de grasa y mantequilla. Por ello, ...**

   a. ... cuantas más capas tenga mejor.
   b. **... requiere de un hojaldrado, pero el justo y necesario.**
   c. ... es conveniente no darle más de 4 vueltas.
   d. ... el hojaldrado es el único factor que la hace crecer.

2. **De las siguientes afirmaciones, diga cuál es verdadera o falsa.**

   a. La laminadora solo se utiliza para la producción de hojaldres.

   ☐ Verdadero
   ☑ **Falso**

   b. La mantequilla se derrite antes que la margarina para hojaldrar.

   ☑ **Verdadero**
   ☐ Falso

   c. Una pieza de bollería hojaldrada se considerará fermentada cuando haya doblado su volumen.

   ☐ Verdadero
   ☑ **Falso**

   d. El pastón de margarina debe tener la misma textura que la masa para poder laminar adecuadamente.

   ☑ **Verdadero**
   ☐ Falso

3. **La acción de las levaduras provoca ciertos cambios en las masas. Uno de ellos es:**

   a. **El aumento de tenacidad.**
   b. El aumento de elasticidad.
   c. El aumento de humedad.
   d. El aumento de los azúcares.

4. **Los reposos se aplican a las masas hojaldradas siempre después de...**

      a. ... la fermentación.
      b. **... cada laminado.**
      c. ... la cocción.
      d. ... el troquelado.

5. **¿Con cuál de los siguientes aparatos se mide la producción de gas de una levadura?**

      a. Alveógrafo de Chopin.
      b. **Reofermentógrafo.**
      c. Medidor de levaduras.
      d. Todas las opciones son incorrectas.

Solucionario Bloque 2 Capítulo 7

1. **De las siguientes afirmaciones, diga cuál es verdadera o falsa.**

    a. El entablado manual solo puede hacerse en pequeños obradores.

    ☐ Verdadero
    ☑ **Falso**

    b. Es recomendable aprovechar al máximo el espacio de las bandejas, por lo que las piezas se entablarán lo más juntas posible.

    ☐ Verdadero
    ☑ **Falso**

    c. El formado puede aparecer simultaneado con la tarea del entablado.

    ☑ **Verdadero**
    ☐ Falso

    d. Los roscones de Reyes son elaboraciones especiales que solo pueden realizarse de forma manual.

    ☐ Verdadero
    ☑ **Falso**

2. **¿Qué ocurre si se presiona la pieza contra la bandeja durante el entablado?**

    a. Nada.
    b. Queda asegurada contra cualquier vaivén.
    c. Ayuda a la fermentación posterior.
    d. **Favorece la adherencia de la pieza y dificulta el posterior desmoldeo.**

3. **Indique cuál de las siguientes entabladoras mecánicas no requiere más de un trabajador:**

    a. **Sistema en "U"**
    b. Lineal
    c. Transversal
    d. Todas las opciones son incorrectas.

4. **Un pulmón referido a bollería...**

    a. ... corresponde al sistema de ventilación del obrador.

    b. **... define cada uno de los habitáculos donde se almacenan las latas o bandejas entabladas.**

    c. ... hace referencia a la capacidad de producir gas de la pieza.

    d. ... expresa el nivel de oxidación de las masas.

5. **Indique cuál de las siguientes afirmaciones es correcta.**

    a. Las bandejas han de estar limpias de impurezas.

    b. **Las bandejas han de estar limpias de impurezas, por higiene y para evitar que se adhieran las piezas.**

    c. Las bandejas han de llevar una capa de aceite, independientemente de si están o no limpias.

    d. Las bandejas deben ser de materiales poco resistentes, ya que son más baratos.

Solucionario Bloque 2 Capítulo 8

1. La fermentación de las piezas de bollería...

   a. ... ocurre únicamente en el proceso previo al horneado.
   b. ... se da desde que se añade la levadura a la masa.
   c. ... solo ocurre cuando las piezas entran al horno, ya que es donde hay calor.
   d. ... tiene un papel secundario en el proceso de elaboración.

2. Los objetivos más importantes que se esperan de la fermentación son:

   a. Suavidad de la pieza e incremento de su volumen.
   b. Incremento del volumen, suavidad de la pieza y ausencia de aromas.
   c. Incremento del volumen y aromas afrutados.
   d. Suavidad de la pieza, incremento de volumen y textura granulosa.

3. La disminución de la temperatura a 0 °C hace que las levaduras...

   a. ... mueran, ya que la temperatura adecuada para su desarrollo es superior
   a 30 °C.
   b. ... reactiven su metabolismo.
   c. ... detengan su actividad biológica, pero sin llegar a morir.
   d. ... ralenticen su actividad biológica.

4. Las cámaras de fermentación controladas utilizan, para realizar su cometido, ...

   a. ... humedad.
   b. ... humedad, calor, frío y tiempo.
   c. ... humedad, calor y frío.
   d. ... calor y humedad.

5. De las siguientes afirmaciones sobre la fermentación alcohólica, diga cuál es verdadera o falsa.

   a. El 90 % de los azúcares es metabolizado por este tipo de fermentación.

      ☑ **Verdadero**
      ☐ Falso

b. Produce como desecho ácido láctico.

☐ Verdadero
☑ **Falso**

c. Se produce cuando la temperatura oscila entre los 36 y 40 °C.

☐ Verdadero
☑ **Falso**

d. Los azúcares son transformados en etanol y anhídrido carbónico.

☑ **Verdadero**
☐ Falso

Solucionario Bloque 2 Capítulo 9

1. **La aplicación correcta del corte o greñado implica la utilización de...**

   a. ... cuchillas de afeitar homologadas por la UE.
   b. **... cuchillas lo suficientemente grandes como para evitar su abandono en la masa.**
   c. ... cuchillas lo más frágiles posible que permitan realizar finos cortes.
   d. ... cuchillas desgastadas, ya que son adecuadas para las masas de bollería.

2. **De las siguientes afirmaciones, diga cuál es verdadera o falsa.**

   a. El corte o greñado de las piezas se hace justo antes de la fermentación.

   ☑ **Verdadero**
   □ Falso

   b. El corte o greñado se practica en todas las piezas de bollería.

   □ Verdadero
   ☑ **Falso**

   c. Los gases de la fermentación que se producen deben salir por algún lugar de la pieza.

   ☑ **Verdadero**
   □ Falso

   d. Un sistema de láser es el encargado de reconocer el tamaño y longitud de las piezas en algunos sistemas de corte mecánico.

   ☑ **Verdadero**
   □ Falso

3. **La aplicación del greñado a piezas excesivamente fermentadas puede provocar...**

   a. ... que aumenten de tamaño una vez dentro del horno.
   b. ... que adopten formas especialmente sugerentes.
   c. ... que recuperen su volumen natural gracias al gas perdido.
   d. **... que pierdan todo su volumen.**

4. ¿Cuál de los siguientes factores no influye en el corte o greñado de las piezas de bollería?

      a. Grado de fermentación
      b. Tipo de cuchilla
      c. Contenido en azúcar
      d. Forma del corte

5. ¿Cuál de las siguientes elaboraciones precisa siempre de greñado?

      a. Donut
      b. Cruasán
      c. Petit pain
      d. Todas las opciones son correctas.

Solucionario Bloque 2 Capítulo 10

1. **De las siguientes afirmaciones, indique cuáles se refieren al horneado y cuáles a la fritura.**

   a. Es la menos eficiente de las dos formas de tratamiento térmico.

   ☑ **Horneado**
   ☐ Fritura

   b. Después de salir del dispositivo, las piezas pueden estar especialmente empachosas.

   ☐ Horneado
   ☑ **Fritura**

   c. No se deben superar los 180 ºC.

   ☐ Horneado
   ☑ **Fritura**

   d. El uso de elevadores es especialmente práctico.

   ☑ **Horneado**
   ☐ Fritura

2. **¿Cuál de los siguientes hornos es el más habitual en los puntos calientes?**

   a. Horno de pisos de tubos anulares.
   b. Horno de carro estático.
   c. Horno de carro giratorio.
   d. **Horno de convección.**

3. **Enumere las tres formas existentes de transmitir el calor aplicadas a los hornos.**

   Por convención, por radiación y por conducción.

4. De las siguientes afirmaciones, diga cuál es verdadera o falsa.

a. En las freidoras en continuo, el tamaño de la pieza determina la velocidad de tránsito.

☑ **Verdadero**
☐ Falso

b. El ingrediente que mayor brillo aporta con el pintado es el agua.

☐ Verdadero
☑ **Falso**

c. El calor produce una disminución del volumen de las piezas al entrar en el horno.

☐ Verdadero
☑ **Falso**

d. La impermeabilización de las piezas fritas regula la humedad interior.

☑ **Verdadero**
☐ Falso

5. Un aceite muy usado contiene gran cantidad de sustancias polares. ¿A qué se refiere esta afirmación?

a. Al punto de congelación del aceite.
b. A sustancias tóxicas para el consumo humano.
c. A la cantidad de ácidos grasos poliinsaturados.
d. Al grado de acidez del aceite.

Solucionario Bloque 2 Capítulo 11

1. La transmisión de calor puede aparecer por:

    a. Convección, solamente
    b. Radiación, convección y conducción
    c. Radiación y convección
    d. Agua

2. Con respecto a la manipulación de las bandejas durante el deshornado y el enfriado de las piezas, indique cuál de las siguientes afirmaciones es correcta.

    a. El suelo estará siempre lo suficientemente limpio como para poder colocar las bandejas sobre él cuando no haya otro lugar disponible.
    b. Se mantendrán libres de restos de otras cocciones y podrán ponerse en el suelo, ya que su función es proteger el contenido (las piezas).
    c. No se barrerá cuando las bandejas alberguen piezas enfriándose.
    d. Es conveniente limpiar el suelo siempre que se pueda, independientemente de la existencia o no de bandejas con productos.

3. El punto de ebullición del agua es de 100 ºC. ¿Qué le ocurre a ese gradiente cuando aumenta la presión?

    a. Se reduce.
    b. Aumenta.
    c. No experimenta ninguna variación.
    d. Se congela.

4. De las siguientes afirmaciones, diga cuál es verdadera o falsa.

    a. Los dispositivos de deshornado suelen ser los mismos que para el horneo.

        ☑ **Verdadero**
        ☐ Falso

    b. La formación de vapor permite que las piezas aumenten su temperatura.

        ☐ Verdadero
        ☑ **Falso**

c. Los abatidores reducen la temperatura de las piezas rápidamente, pero sin llegar a congelarlas.

☐ Verdadero
☑ **Falso**

d. Al salir del horno, las piezas son vulnerables y debe evitarse la superposición de unas sobre otras.

☑ **Verdadero**
☐ Falso

5. **¿Cuál de los siguientes sistemas de refrigeración puede utilizar el agua como elemento refrigerador?**

a. Abatidor
b. **Túnel de enfriamiento**
c. Enfriador en espiral
d. Cámara de baja presión

Solucionario Bloque 2 Capítulo 12

1. **De las siguientes afirmaciones, diga cuál es verdadera o falsa.**

   a. Los azúcares y las grasas en dosis altas tienden a debilitar el gluten.

   ☑ **Verdadero**
   ☐ Falso

   b. El gluten es necesario para obtener masas con cuerpo, siendo poco relevante para la fermentación.

   ☐ Verdadero
   ☑ **Falso**

   c. Las piezas de bollería pueden volverse verdosas tras el horneado debido a un escaso tiempo de fermentación.

   ☐ Verdadero
   ☑ **Falso**

   d. Las masas caídas pueden recuperarse aplicando un tiempo de reposo en bloque.

   ☑ **Verdadero**
   ☐ Falso

2. **¿Cuál de las siguientes causas puede impedir la fermentación de las piezas?**

   a. Presencia de grasas y azúcares.
   b. **Dureza de la masa.**
   c. Exceso de levadura en la formulación.
   d. Una temperatura excesivamente fría fuera de la cámara de fermentación.

3. **¿Qué puede ocurrir si a una masa de bollería hojaldrada se le dan demasiadas vueltas durante el laminado?**

   a. Cuantas más capas de masa y margarina tenga, más aumentará su volumen.
   b. **Que pierda gran cantidad de grasa durante el horneado.**
   c. Que aumente su sabor.
   d. Nada en especial.

4. Reducir deliberadamente los tiempos en la elaboración de productos de bollería...

    a. ... conlleva el riesgo de anomalías.

    b. ... no tiene ninguna repercusión para la calidad final del producto y aumenta el ritmo de producción.

    c. ... aumenta la calidad final de los productos.

    d. ... solo se practica en grandes fábricas que tienen los medios adecuados para ello.

5. Si no se ha producido correctamente la gelatinización y cristalización de los almidones durante la cocción, ¿qué puede ocurrir?

    a. La pieza sale deformada.

    b. La pieza tiene un color excesivamente pardo.

    c. La pieza ha perdido sabor.

    d. La pieza tiene el interior apelmazado.

Solucionario Bloque 2 Capítulo 13

1. ¿Cuál es la función principal de los ingredientes tecnológicos?

    a. Aumentar el sabor de las piezas.
    b. Reforzar las características de las masas ante tratamientos intensivos.
    c. Reducir el riesgo de intoxicaciones.
    d. Disminuir la suavidad de la masa.

2. De las siguientes afirmaciones, diga cuál es verdadera o falsa.

    a. Las gliadinas del trigo no producen alergia, sino el gluten.

        ☐ Verdadero
        ☑ **Falso**

    b. El reposo en la elaboración de masas sin harina es conveniente para hacerlas más manejables.

        ☐ Verdadero
        ☑ **Falso**

    c. Los emulsionantes son capaces de vincular agua con grasa.

        ☑ **Verdadero**
        ☐ Falso

    d. El ácido ascórbico y la vitamina C hacen referencia a la misma sustancia.

        ☑ **Verdadero**
        ☐ Falso

3. ¿Cuál de los siguientes ingredientes tecnológicos ayuda a impermeabilizar el gluten al paso de los gases?

    a. Los oxidantes
    b. La goma guar
    c. Los emulsionantes
    d. Todas las opciones son correctas.

4. **Indique cuál de las siguientes afirmaciones sobre los mejorantes es la correcta.**

    a. Están compuestos, normalmente, por: enzimas, emulsionantes y desengrasantes.
    b. Están compuestos, normalmente, por: aditivos, gasificantes y agentes oxidantes.
    c. Están compuestos, normalmente, por: enzimas, gasificantes y emulsionantes.
    d. **Están compuestos, normalmente, por: enzimas, emulsionantes y agentes oxidantes.**

5. **De las siguientes gomas, ¿cuál tiene una especial relevancia en la formación de las masas de bollería sin harina de trigo?**

    a. Goma arábiga
    b. **Goma xantana**
    c. Goma tragacanto
    d. Goma hispánica

Solucionario Bloque 3 Capítulo 1

1. **¿Cuál de los siguientes gases se utiliza para la conservación de la bollería en atmósfera modificada?**

   a. Monóxido de carbono
   b. Nitrógeno líquido
   c. Dióxido de carbono
   d. Oxígeno

2. **Rellene los huecos con los términos correspondientes sobre el principio de la refrigeración.**

   Los aparatos refrigeradores se fundamentan en la capacidad de un cuerpo refrigerante de capturar el calor de su alrededor cuando pasa de estado **líquido** a **gaseoso**.

3. **De las siguientes afirmaciones, diga cuál es verdadera o falsa.**

   a. Se considera congelado un cuerpo cuando su temperatura no es menor de -18 °C.

   ☑ **Verdadero**
   ☐ Falso

   b. Cuanto mayor sea el tiempo que tarda un producto en congelarse, los cristales de hielo que formará serán menores.

   ☐ Verdadero
   ☑ **Falso**

   c. La precocción de la bollería divide el proceso de cocción en dos fases.

   ☑ **Verdadero**
   ☐ Falso

   d. Los productos recalentados mantienen todas sus características propias.

   ☐ Verdadero
   ☑ **Falso**

4. De los siguientes factores, indique cuál no influye en la temperatura final de la masa en un proceso mecánico.

    a. Temperatura de la harina
    b. Temperatura del ambiente
    c. Temperatura de las manos del operario
    d. Temperatura del agua

5. Aparte de la ultracongelación, ¿qué otro tipo de congelación existe?

    a. Congelación mecánica
    b. Congelación sónica
    c. Congelación manual
    d. Congelación aireada

Solucionario Bloque 3 Capítulo 2

1. El control de la fermentación permite una mejor organización de los tiempos de trabajo. ¿A qué temperatura máxima se considera en el ámbito de la panadería que las levaduras detienen su actividad biológica?

   a. A 4 °C.
   b. A 2 °C.
   c. A 0 °C.
   d. A -18 °C.

2. De las siguientes afirmaciones, diga cuál es verdadera o falsa.

   a. La primera máquina de fermentación controlada surge en Francia a mediados del siglo XX.

      ☑ **Verdadero**
      ☐ Falso

   b. La cantidad de enzimas de una masa reduce su capacidad para soportar el frío.

      ☑ **Verdadero**
      ☐ Falso

   c. La fermentación controlada se aplica una vez que las piezas han alcanzado la mitad de su volumen.

      ☐ Verdadero
      ☑ **Falso**

   d. El tamaño de las piezas no influye en la intensidad del frío necesario para congelarlas.

      ☐ Verdadero
      ☑ **Falso**

3. ¿Cuál de los siguientes ingredientes no aumenta la fuerza de las masas?

   a. Levadura
   b. Gluten
   c. Ácido ascórbico
   d. Azúcar

4. En cuanto a los procesos de la fermentación controlada, la división debe ser:

   a. Lo más rápida posible.
   b. No es relevante para este tipo de bollería.
   c. Muy lenta para conseguir una fermentación adecuada.
   d. En grandes porciones de masa.

5. Dentro de los procesos de control de la fermentación, ¿qué fermentación es la que detiene la acción de las levaduras cuando la pieza ha alcanzado la mitad de su volumen?

   Fermentación aletargada

Solucionario Bloque 3 Capítulo 3

1. ¿Cuál de los siguientes tipos de harina es la más adecuada para realizar masas que se vayan a congelar?

    a. Harina de media fuerza
    b. Harina de gran fuerza
    c. Harina de poca fuerza
    d. Harina de panificación

2. El aumento de levadura ayuda a conseguir masas de bollería adecuadas...

    a. ... al contrarrestar la pérdida de muchas células durante la congelación.
    b. ... al relajar las masas, mejorando así su formado.
    c. ... al aumentar el tiempo de fermentación.
    d. ... al reducir el tamaño de los cristales de hielo.

3. Sobre la ultracongelación, ¿cuáles de las siguientes afirmaciones corresponden a la practicada antes de la fermentación y cuáles a la practicada después de la fermentación?

    a. Requiere una menor dosis de levadura.

        ☐ Ultracongelación antes de la fermentación.
        ☑ **Ultracongelación después de la fermentación.**

    b. Es necesario contrarrestar la presión osmótica.

        ☑ **Ultracongelación antes de la fermentación.**
        ☐ Ultracongelación después de la fermentación.

    c. Se recomienda, sobre todo, para la bollería hojaldrada. El aumento de volumen encuentra un importante apoyo en el efecto de hojaldrado de las piezas.

        ☐ Ultracongelación antes de la fermentación.
        ☑ **Ultracongelación después de la fermentación.**

d. El amasado es más bien corto.

☑ **Ultracongelación antes de la fermentación.**
☐ Ultracongelación después de la fermentación.

4. Rellene los huecos con los términos que faltan.

La aplicación conjunta de la ultracongelación y el **frío mecánico** permite una mayor rentabilización de los recursos. En una primera fase, se consigue congelar los productos rápidamente (también llamado **bloqueo**) y, en la segunda, se conservan con un gasto energético menor.

5. ¿Qué ingrediente se le añade con la intención de mejorar su consistencia a las masas destinadas a la congelación después de la fermentación?

Almidón pregelatinizado.

Solucionario Bloque 3 Capítulo 4

1. **Indique cuál de las siguientes afirmaciones sobre la bollería precocida es la correcta.**

   a. **La cocción se divide en dos tiempos.**
   b. La cocción debe hacerse a una temperatura elevada.
   c. La cocción depende de la cantidad de levadura que contenga la masa.
   d. La cocción solo puede hacerse en hornos rotativos.

2. **De las siguientes afirmaciones, diga cuál es verdadera o falsa.**

   a. Los procesos de la bollería danesa son muy similares a la hojaldrada tipo cruasán.

      ☑ **Verdadero**
      ☐ Falso

   b. El enfriado de las piezas de bollería precocida debe hacerse rápido y con poca humedad para que el producto sea crujiente.

      ☐ Verdadero
      ☑ **Falso**

   c. Las masas de bollería congelada deben ser de poca fuerza para que se contraigan adecuadamente durante la congelación.

      ☐ Verdadero
      ☑ **Falso**

3. **Durante el proceso de cocción de la bollería precocida, ¿qué sustancia se ve especialmente afectada por el calor?**

   Las proteínas

4. La bollería danesa adopta su volumen tanto de la fermentación de las levaduras como por el efecto del hojaldrado, siendo necesarias...

    a. ... **no más de tres vueltas para un correcto levado.**
    b. ... como mínimo 5 vueltas para obtener un hojaldrado adecuado.
    c. ... las vueltas pertinentes, teniendo en cuenta el tamaño de la pieza.
    d. ... 4 vueltas, ya que el vapor de agua hace que tome el volumen adecuado.

5. Rellene los huecos con las palabras que faltan sobre la bollería hojaldrada congelada.

Hay que tener en cuenta que la harina que se utiliza en esta receta es **fuerte**, lo que se traduce en un incremento de la **tenacidad**, haciendo un poco más trabajoso el estirado.

Solucionario Bloque 3 Capítulo 5

1. **El choque térmico...**

   a. ... se produce por un descenso gradual de la temperatura de la masa.
   b. ... se produce por los cambios bruscos de la cantidad de vapor de agua.
   c. **... se produce por la modificación rápida de la temperatura ambiental donde se encuentran las piezas.**
   d. ... se produce por una excesiva aplicación de calor a la masa durante el amasado.

2. **De las siguientes afirmaciones, diga cuál es verdadera o falsa.**

   a. Las únicas fases donde pueden aparecer anomalías son la fermentación y la descongelación.

      ☐ Verdadero
      ☑ **Falso**

   b. La aparición de burbujas sobre la superficie de las piezas se debe a una excesiva fermentación.

      ☑ **Verdadero**
      ☐ Falso

   c. La forma de evaluar el punto de cocción de una pieza es observando el color pardo proporcionado por el huevo.

      ☐ Verdadero
      ☑ **Falso**

   d. Las piezas congeladas no pueden salir nunca del congelador, a menos que vayan a ser acondicionadas para su acabado final.

      ☑ **Verdadero**
      ☐ Falso

3. **Enumere al menos dos defectos que pueden aparecer durante la cocción de las piezas de bollería.**

Piezas que no suben y pérdida de grasa.

4. **Las bajas temperaturas tras el amasado producen masas con menos fuerza. Esto puede producir...**

    a. ... un aumento exagerado del volumen de las piezas durante la fermentación.
    b. ... la aparición de grietas durante el horneado.
    c. ... un aumento exagerado del volumen de las piezas durante el horneado.
    d. ... un crecimiento muy limitado del volumen de las piezas durante el horneado.

5. **Rellene los huecos con los términos adecuados**

Una escasa **fermentación** puede provocar que las piezas suban especialmente poco cuando están en el horno. Las levaduras presentes en la pieza, una vez en el horno, actúan muy intensamente, tanto que acaban produciendo **grietas,** a pesar de que hayan sido greñadas.

Solucionario Bloque 3 Capítulo 6

1. **De las siguientes afirmaciones, diga cuál es verdadera o falsa.**

   a. La regeneración de una masa congelada antes de la fermentación se hace a temperatura ambiente.

      ☐ Verdadero
      ☑ **Falso**

   b. Los productos con cremas pasteleras en su interior se descongelan a temperaturas frías.

      ☑ **Verdadero**
      ☐ Falso

   c. El tamaño de las piezas obstaculiza su calentamiento y enfriado.

      ☑ **Verdadero**
      ☐ Falso

   d. Los puntos calientes son propios de los hornos de convención.

      ☐ Verdadero
      ☑ **Falso**

2. **El proceso de regeneración...**

   a. ... sirve para volver a poner a la venta productos que no se vendieron.
   b. ... es propio solo de los productos de bollería ultracongelados.
   c. ... es idéntico para todo tipo de piezas.
   d. **... depende en gran parte de la forma en que se congelaron las piezas.**

3. **Sobre la curva de calentamiento, ¿cuál de las siguientes afirmaciones se ajusta más a su definición?**

   a. Expresa el ascenso de temperatura que tiene lugar en las masas.
   b. **Expresa el aumento de temperatura de la fase de calentamiento.**
   c. Expresa la cantidad de calor necesaria para cocer una pieza.
   d. Expresa la variación de temperatura entre la congelación y la fermentación.

4. **¿Cuál de los siguientes hornos tiene una mayor precisión y autonomía a la hora de regenerar los productos?**

    a. Horno microondas
    b. **Horno de convención**
    c. Horno de resistencias
    d. Horno de vapor

5. **Rellene los huecos con los términos apropiados.**

Si bien la **congelación** siempre debe hacerse de la manera más rápida posible para evitar la formación de cristales y la pérdida de sabores y humedad, la **regeneración** debe adecuarse a cada tipo de productos. La descongelación constituye una parte importante de ese proceso.

Solucionario Bloque 3 Capítulo 7

1. **De las siguientes afirmaciones, diga cuál es verdadera o falsa.**

   a. La fermentación controlada permite reducir la jornada laboral de los trabajadores.

      ☑ **Verdadero**
      ☐ Falso

   b. Las técnicas de frío en bollería han provocado una concentración de la producción de bollería en torno a las grandes empresas.

      ☐ Verdadero
      ☑ **Falso**

   c. La atmósfera modificada solo se aplica a la producción de bollería.

      ☐ Verdadero
      ☑ **Falso**

   d. Tras un largo tiempo en cámara, un producto puede parecer recién hecho si se ha aplicado correctamente la ultracongelación.

      ☑ **Verdadero**
      ☐ Falso

2. **De los siguientes sistemas de conservación, ¿cuáles no precisan necesariamente de frío?**

   a. Bollería criogenizada
   b. **Bollería precocida**
   c. **Bollería conservada en atmósfera modificada**
   d. Bollería aletargada

3. **La refrigeración de las masas...**

   a. ... requiere de una inversión importante de capital.
   b. ... encuentra la opción más adecuada en el uso de escamas de hielo.
   c. ... se desarrolla con un líquido refrigerante sin control sanitario.
   d. **... es fácil de aplicar a casi todo tipo de amasadoras.**

4. **Al dañarse el envase, la capacidad de protección desaparece. ¿A qué técnica pertenece esta característica?**

   a. Bollería precocida
   b. **Bollería en atmósfera modificada**
   c. Bollería congelada
   d. Bollería ultracongelada

5. **¿Qué técnica de frío recomienda reducir el tamaño de las masas para limitar el tiempo de reposo de la masa en bloque?**

   La fermentación controla.

Elaboraciones complementarias en panadería y bollería

Solucionario Capítulo 1

1. ¿Cuál de estas cremas entra dentro del grupo de las cremas de mantequilla?

   a. Muselina
   b. *Vichysoise*
   c. Tocino de cielo
   d. Yema dura

2. ¿A cuántos grados centígrados llega el punto de hebra fuerte del azúcar?

   a. Entre 100 y 104 °C
   b. Entre 110 y 114 °C
   c. Entre 105 y 112 °C
   d. Entre 96 y 100 °C

3. ¿Cuál o cuáles de las siguientes afirmaciones son correctas?

   a. La crema inglesa es una de las bases en la preparación de helados.
   b. El sabayón es una crema de origen portugués.
   c. Para cocer la crema inglesa se usará fuego directo.
   d. Para la yema pura dura se utilizará la misma cantidad de yemas que de claras.

4. Dadas las siguientes temperaturas, relaciónelas como corresponda.

   a. Almíbar
   b. Espejuelo
   c. Hebra floja
   d. Hebra fuerte
   e. Bola floja
   f. Bola fuerte
   g. Caramelo blando
   h. Caramelo fuerte
   i. Caramelo rubio

   b. Entre 100 y 105 °C
   g. 140 °C
   e. Entre 114 y 118 °C
   c. Entre 105 y 108 °C

    h. Entre 146 y 150 ºC
    f. Entre 122 y 126 ºC
    i. 160 ºC
    a. Entre 85 y 90 ºC
    d. Entre 110 y 114 ºC

5. **Complete las siguientes frases.**

Es recomendable añadir una nuez de mantequilla a la **crema pastelera** una vez realizada.

Para el tocino de cielo, partiremos de un almíbar de hebra **fuerte**.

La **sacarosa** es un azúcar sometido a tratamientos químicos que logran una máxima pureza.

La simbiosis perfecta de agua y materia grasa en una mantequilla corresponde a valores de 82 % mínimo de **grasa** y 16 % máximo de **agua**.

Solucionario Capítulo 2

1. ¿Que mezcla contiene la crema de almendras?

   a. Materia grasa, azúcar y almendras en polvo.
   b. Agua, azúcar y almendras en polvo.
   c. Leche, azúcar y almendras en polvo.

2. ¿Cómo se denomina también a la crema de almendras?

   a. Americana
   b. Franchipán
   c. Culis

3. ¿Cuál es el ingrediente característico de la crema de moka?

   a. Chocolate
   b. Fresas
   c. Café

4. ¿Qué dos tipos de crema muselina se pueden señalar?

   a. Crema muselina con base de crema pastelera o con base de merengue italiano.
   b. Crema muselina con base de *chantilly* o con base de *mousse*.
   c. Crema muselina con base de mantequilla o con base de nata.

5. ¿Con cuál de las elaboraciones de crema de trufa se pueden hacer las famosas bolitas de trufa?

   a. Trufa cocida
   b. Trufa cruda
   c. Las dos

6. ¿Qué ingredientes contiene la mantequilla batida?

   a. Azúcar, leche y mantequilla
   b. Azúcar, mantequilla y agua
   c. Azúcar, nata y mantequilla

7. **¿Cómo tienen que estar la nata y el chocolate para la elaboración de la trufa cruda?**

   a. La nata templada y el chocolate frío.
   b. La nata caliente y el chocolate caliente.
   c. **La nata fría y el chocolate atemperado.**

8. **¿A qué se debe la textura de la *mousse?***

   a. **A las claras montadas a punto de nieve y a la nata montada.**
   b. A la nata líquida con las claras montadas a punto de nieve.
   c. A las claras y la nata mezcladas líquidas.

9. **¿Qué azúcar es la indicada para montar nata?**

   a. **Azúcar glas**
   b. Azúcar granillo
   c. Azúcar moreno

10. **¿Qué parte del huevo se emplea en la elaboración de la crema muselina con base de merengue italiano?**

   a. La yema
   b. **La clara**
   c. El huevo entero

Solucionario Capítulo 3

1. ¿Cuál es el origen de la crema *chantilly?*

    a. Francia
    b. España
    c. Italia

2. ¿Cuál es la base del *fondant?*

    a. Claras, azúcar y agua
    b. Yema, mantequilla y azúcar
    c. Agua, azúcar y glucosa

3. ¿Cuál de estas cremas entra en el grupo de cremas ligeras?

    a. Crema holandesa
    b. Crema *chiboust*
    c. Crema inglesa

4. ¿De qué se compone la crema *chiboust?*

    a. Crema pastelera y merengue italiano.
    b. Crema pastelera y mantequilla.
    c. Crema pastelera y merengue suizo.

5. ¿Cuáles son los principales ingredientes de la *bavaroise?*

    a. Gelatina y nata montada.
    b. Gelatina, crema inglesa y nata montada.
    c. Nata montada y crema inglesa.

6. ¿Qué tipos de merengue hay?

    a. Merengue suizo, italiano y francés.
    b. Merengue suizo, español y francés.
    c. Merengue suizo, italiano y belga.

7. ¿A qué punto se debe llevar el almíbar para elaborar el merengue italiano?

    a. Punto bola floja (114-118 ºC)
    b. Punto hebra fuerte (110-114 ºC)
    c. Punto espejuelo (100-105 ºC)

8. ¿Cómo se conserva mejor el *fondant?*

    a. Al lado del calor
    b. En el congelador
    c. En un recipiente hermético, en lugar fresco y seco

9. En el merengue francés, si se emplean 150 g. de claras de huevo, ¿cuánto azúcar granillo hará falta?

    a. 150 g
    b. 200 g
    c. 500 g

10. ¿Cuál de las cremas ligeras lleva vainilla entre sus ingredientes?

    a. Crema *chantilly*
    b. Crema diplomática
    c. *Bavaroise*

Solucionario Capítulo 4

1. ¿Qué tarta salada se ha visto más a fondo en este capítulo?

    a. Tarta salada
    b. Quiche lorraine
    c. Tarta de cebolla

2. ¿Se puede usar nata montada para elaborar *mousses* saladas?

    a. No
    b. Sí
    c. A veces

3. ¿Qué es el *roux?*

    a. Es una mezcla de harina y mantequilla.
    b. Es una elaboración que se usa en pastelería.
    c. Es una harina sofrita en grasa que suele ser mantequilla o margarina.

4. ¿Cuál es la salsa variante de la bechamel?

    a. Salsa mornay
    b. Salsa holandesa
    c. Salsa bearnesa

5. ¿Qué ingrediente se emplea para espesar la crema de nata?

    a. Harina
    b. Almidón de maíz
    c. Mantequilla

6. ¿Cómo se usa el salmón para la *mousse?*

    a. Cocido en agua
    b. Marinado
    c. Ahumado

7. **¿Qué es la nuez moscada?**

    a. **Es un polvo de color marrón oscuro que se obtiene al rallar la corteza externa de la nuez de un árbol llamado myristica.**

    b. Es simplemente polvo de nuez.

    c. Es polvo de almendras tostadas.

8. **¿Cómo tienen que ser los materiales empleados en las elaboraciones en el obrador?**

    a. Tienen que ser de plástico.

    b. **Tienen que ser de un material que no altere las características de su contenido.**

    c. Tienen que ser de cristal.

9. **¿Tiene el obrador que estar aislado de los servicios y vestuarios?**

    a. No es necesario

    b. **Sí, siempre**

    c. Solo a veces

Solucionario Capítulo 5

1. ¿Para qué se emplea principalmente el glaseado en pastelería?

    a. Para cubrir tartas o pasteles y hacerlos más vistosos.
    b. Para rellenar tartas o pasteles.
    c. No se utiliza en pastelería.

2. ¿Qué dos tipos de glaseados destacan?

    a. Glaseado español y real.
    b. Glaseado al agua y real.
    c. Glaseado inglés y americano.

3. ¿Cuáles son los principales ingredientes de la pasta de almendras?

    a. Almendras y cacao en polvo
    b. Almendras y gelatina
    c. Almendras y azúcar

4. ¿A qué temperatura hay que fundir el chocolate negro para comenzar a atemperar?

    a. 50-55 °C
    b. 40-45 °C
    c. 20-25 °C

5. ¿Qué se evita en las tartas de fruta al darles brillo?

    a. Que la tarta se rompa
    b. La oxidación de la fruta
    c. Ambas cosas

6. ¿Puede el praliné ser de almendras?

    a. Sí
    b. No
    c. Sí, teniendo en cuenta la adición de yemas a la elaboración

7. ¿Qué es el ganache?

    a. Es una crema de frutos secos y chocolate
    b. Es una crema de frutos secos y nata
    c. Es una crema de chocolate y nata

8. Para el glaseado real, ¿qué cantidad de azúcar se necesita por cada 100 g. de clara de huevo?

    a. 500 g
    b. 100 g
    c. 750 g

9. ¿Cómo se llama también a las hojas de gelatina?

    a. Pectina
    b. Colas de pescado
    c. Emulsionante natural

10. ¿Qué punto de montaje debe tener la pasta de almendras?

    a. Consistente y untuoso
    b. Líquido
    c. Muy espeso

Solucionario 5

Decoración de los productos de panadería y bollería

Solucionario Capítulo 1

1. En el caso del pan, masa base es:

   a. Solo la que contiene levaduras.
   b. El resultado de la mezcla de agua con harina.
   c. La conocida con el nombre de masa madre.
   d. La que se obtiene con la adición de grasas.

2. Según su consistencia, las masas pueden ser:

   a. Duras, semiduras y blandas.
   b. Semiblandas, duras y blandas.
   c. Esponjosas y blandas.
   d. Semiduras y semiblandas.

3. Según su textura, las masas pasteleras pueden ser:

   a. Hojaldradas, boleadas.
   b. Apelmazadas, laminadas, migosas.
   c. De bollería, abizcochadas, quebradas.
   d. Migosas, laminadas, escamosas, batidas, semihojaldradas.

4. Las masas batidas se clasifican en...

   a. ... masas batidas para coberturas y decoraciones.
   b. ... masas batidas para freír, para plancha y para hornear.
   c. ... masas batidas para glasear, para atemperar y para hornear.
   d. ... masas batidas para rellenar, para cubrir y para decorar.

5. Si se quieren elaborar dónuts y berlinas, ¿qué tipo de masa se empleará?

   a. Masa batida para bizcochos.
   b. Masa semihojaldrada.
   c. Masa batida para freír.
   d. Pasta quebrada para rellenar y hornear.

6. En referencia a las masas panarias, ¿a qué se le llama regeneración térmica?

    a. **Al proceso en que cesa la congelación de un producto, haciendo que vuelva a su estado primitivo, es decir, obteniendo el mismo aspecto y consistencia que tenía al final de su elaboración.**

    b. Al método por el cual se congelan las masas por encima de los -25 ºC.

    c. Al proceso de descongelación.

    d. A la congelación en cámaras de fermentación.

7. ¿En qué consiste el greñado del pan?

    a. Consiste en el corte para la división de las piezas antes de su horneado.

    b. Es una forma de boleado y formado de las masas de pan manualmente.

    c. **Consiste en practicar incisiones a las masas, mediante cuchilla, si se hace de forma manual, o con máquinas automáticas.**

    d. Son cortes en la superficie de la masa que se realizan con las manos.

8. Se le llama cobertura...

    a. ... a cualquier tipo de chocolate.

    b. **... a la realización de finas coberturas de chocolate que se solidificarán al enfriarse, quedando un recubrimiento uniforme y brillante sobre la pieza de pastelería.**

    c. ... al chocolate blanco.

    d. ... al chocolate negro y al chocolate con leche.

9. Los pasos a seguir en la técnica para atemperar el chocolate son:

    a. Calentarlo, congelarlo, descongelarlo y calentarlo.

    b. **Calentarlo, enfriarlo y volverlo a calentar.**

    c. Templarlo, calentarlo, enfriarlo y volverlo a calentar.

    d. Templarlo a temperatura ambiente, calentarlo y refrigerarlo.

10. La franja de templado para el chocolate negro es de...

    a. **... 31 a 32 ºC.**

    b. ... 27 a 28 ºC.

    c. ... 30 a 31 ºC.

    d. ... 28 a 29 ºC.

Solucionario Capítulo 2

1. Según el Real Decreto 496/2010, de 30 de abril, se denomina bollería a...

 a. ... las masas de pan rellenas.
 b. ... los productos alimenticios elaborados básicamente con masa de harinas fermentada y que han sido sometidos a un tratamiento térmico adecuado, pudiendo contener otros alimentos, complementos panarios y aditivos autorizados.
 c. ... las pastas de cobertura.
 d. ... los preparados alimenticios elaborados con harina floja sin fermentar.

2. ¿Cuáles de estas técnicas se pueden aplicar en la decoración de productos de panadería y bollería?

 a. Pintado, xerografiado, flameado.
 b. Pintado, quemado, inyectado, repujado.
 c. Aerografiado, flameado, rellenado, pintado.
 d. Grabado, aerografiado, tostado, pintado.

3. El proceso de inyectado se refiere a...

 a. ... rellenar una pieza de bollería con una jeringuilla.
 b. ... una técnica aplicada a la bollería para rellenar mediante máquinas a presión.
 c. ... a pintar la superficie de cualquier pastel.
 d. ... una técnica que se hace exclusivamente de forma manual para decoración.

4. Los elementos decorativos más comunes para pintar las piezas son:

 a. Licores y cervezas.
 b. Huevo y pasta de harina con agua.
 c. Huevo, leche y agua.
 d. Agua, leche de soja y glasa real.

5. La técnica de glaseado se define como...

    a. ... **el abrillantado de los alimentos con su propio jugo, jalea o azúcar, chocolates, etcétera.**

    b. ... **el recubrimiento de las piezas con una superficie brillante para evitar que se resequen.**

    c. ... aplicar cualquier líquido a la superficie de las piezas.

    d. ... un proceso que evita que los alimentos tomen brillo.

6. El *fondant* se elabora con...

    a. ... chocolate blanco.

    b. ... azúcar mascabado.

    c. ... claras de huevo y azúcar.

    d. ... **agua y azúcar.**

7. El flameado o flambeado...

    a. ... es una técnica de acabado con glasa real.

    b. ... son dos técnicas diferentes de acabado de las piezas de repostería.

    c. ... **consiste en regar con licores destilados de alta graduación uno o varios alimentos para prenderles fuego y refinar su aroma.**

    d. ... el flameado se hace en el horno y el flambeado en el fuego.

8. Para tostar o quemar un dulce de bollería se ha de emplear...

    a. ... un aerógrafo.

    b. ... **un soplete.**

    c. ... un nebulizador.

    d. ... un aerógrafo o soplete indistintamente.

9. La aerografía...

    a. ... no se puede utilizar con productos alimentarios.

    b. ... **se utiliza en la decoración de pasteles con colorantes alimentarios.**

    c. ... solo se utiliza para esculturas de hielo.

    d. ... requiere ser buen dibujante.

10. **Las piezas y figuras elaboradas con pasta de azúcar empleadas para decorar se conocen con el nombre de...**

      a. ... *topping* dulces.
      b. ... caramelos y chucherías.
      c. ... pastillaje.
      d. ... plastilina.

Solucionario Capítulo 3

1. El baño maría consiste en...

   a. ... sumergir un recipiente con el alimento a tratar dentro de otro recipiente con un contenido de agua, realizando la cocción en el horno, al fuego o en cualquier otra fuente de calor.
   b. ... dar un baño de agua caliente para fundir un alimento.
   c. ... sumergir un alimento en agua templada sin que llegue a fundirse.
   d. ... sumergir un recipiente dentro de otro como elemento de apoyo.

2. Para el atemperado del chocolate es indispensable...

   a. ... una máquina de inyección.
   b. ... un aerógrafo.
   c. ... un baño maría o atemperador.
   d. ... un dosificador-atemperador.

3. Los utillajes para dosificar se llaman...

   a. ... embudos.
   b. ... cornetes.
   c. ... inyectoras-dosificadoras.
   d. ... musets o dosificadores.

4. Una manga pastelera es:

   a. Un embudo para traspasar líquidos y cremas.
   b. Una herramienta de cocina en forma de cono, realizada con materiales flexibles que hacen que su manejo sea fácil para decorar con crema piezas de repostería.
   c. Un utillaje de cocina que solo se usa para la nata montada.
   d. Un cono de papel llamado *cornet*.

5. El atemperador de cobertura es necesario para...

   a. ... hervir el chocolate.
   b. ... refrigerar el chocolate.
   c. ... fundir el chocolate.
   d. ... fundir el chocolate y mantenerlo en la franja de templado.

6. Si se quiere confeccionar un *cornet*, se ha de utilizar...

    a. ... un papel cualquiera.
    b. ... una plancha de horno de silicona.
    c. ... papel sulfurizado.
    d. ... papel siliconado, parafinado o cualquier otro que sea resistente a la humedad.

7. Los sopletes de cocina están indicados en trabajos de...

    a. ... fundido de chocolate.
    b. ... quemado de azúcar en la crema catalana.
    c. ... pegado de piezas de azúcar.
    d. ... quemado de yema tostada.

8. Las máquinas bañadoras se utilizan para...

    a. ... calar y mojar los bizcochos.
    b. ... solo atemperar el chocolate.
    c. ... cubrir y decorar piezas de pastelería con un baño de chocolate.
    d. ... decorar con glaseados y gelatinas piezas de chocolate.

9. El aerógrafo es y se utiliza para...

    a. ... un utillaje que se utiliza para hacer coberturas de chocolate.
    b. ... una pistola para pintar que expele aire y pintura en forma de cono de manera suave y difuminada.
    c. ... es un nebulizador para gelatinas.
    d. ... es una herramienta para pintar cualquier cosa menos productos alimenticios.

10. Las máquinas inyectoras-dosificadoras desempeñan la función de...

    a. ... nebulizar con huevo las piezas de bollería.
    b. ... rellenar las piezas de bollería de forma manual o automática, además de dosificar la cantidad de relleno a inyectar.
    c. ... calentar los rellenos a inyectar.
    d. ... inyectar los líquidos o almíbar para calados.

Solucionario Capítulo 4

1. ¿Qué utillajes se han de usar para aplicar una crema pastelera?

    a. Manga pastelera y boquillas con diferentes troqueles, rellenadora, inyectora, espátulas.
    b. Aerógrafo, manga pastelera, inyectora-dosificadora.
    c. Atemperadora, espátula, manga pastelera.
    d. Manga pastelera sin boquillas, cornetes, sopletes.

2. La gelatina se aplica a la superficie de una pieza de bollería para...

    a. ... proteger los productos de la contaminación ambiental.
    b. ... que tengan un aspecto brillante y reluciente y ayuden a fijar los *toppings*.
    c. ... atraer al consumidor.
    d. ... potenciar el sabor del relleno.

3. Las caracolas danesas o *sneeken*...

    a. ... pueden o no incluir como rellenos pasas o frutas confitadas.
    b. ... pueden incluir crema pastelera como ingrediente.
    c. ... pueden ser cubiertas con gelatina y decoradas con productos como el coco rallado, la cobertura de chocolate.
    d. Todas las opciones son correctas.

4. Llamamos *toppings* a...

    a. ... las cremas de relleno.
    b. ... las coberturas de *fondant* con saborizantes.
    c. ... los elementos decorativos dulces o salados.
    d. ... las aplicaciones decorativas realizadas con el aerógrafo.

5. Los *muffins* y *cupcakes* son una versión actualizada de...

    a. ... los dónuts y berlinas.
    b. ... las tartas cubiertas con *fondant* y otros elementos decorativos.
    c. ... la bollería dulce de masa batida.
    d. ... las magdalenas, solo que van rellenas y cubiertas con *fondant*, glasas y otros elementos decorativos.

6. **¿Qué son los elementos decorativos?**

    a. Los productos que ornamentan las piezas de pastelería. Estos pueden ser elaborados artesanalmente por el profesional repostero o comprados industrialmente, por ejemplo los *toppings* y los *sprinkles*.
    b. Los productos básicos para la elaboración de masas de bollería.
    c. Los productos elaborados para el relleno de las piezas de pan y bollería.
    d. Los productos que se confeccionan exclusivamente con azúcar glas.

7. **¿Qué se entiende por masa muerta?**

    a. Cualquier tipo de masa que esté en fase de descomposición.
    b. Cualquier tipo de masa panaria comestible para decorar.
    c. La masa fabricada básicamente con harina floja, agua y sal que se usa para decorar y realizar distintas piezas y/o figuras de pan.
    d. La masa a la que se le añaden sustancias impulsoras.

8. **Los *sprinkles* son:**

    a. Las coberturas de las tartas.
    b. Las figuras de pastillaje y obleas.
    c. Pequeñas piezas comestibles que se espolvorean para decorar las piezas de repostería y confitería, similares a chucherías infantiles.
    d. Los elementos decorativos de charcutería.

9. **Para evitar que una crema se presente grumosa, se procederá...**

    a. ... batiéndola de nuevo hasta conseguir que desaparezcan las bolsas de aire.
    b. ... refrigerándola y volviéndola a batir.
    c. ... calentándola y batiéndola de nuevo.
    d. ... atemperándola de la misma forma que el chocolate.

10. **La contaminación ambiental es el peor enemigo de los panes de molde porque...**

    a. ... el aire los reseca y endurece.
    b. ... en la atmósfera se encuentran flotando gran cantidad de esporas y microbios.
    c. ... si fumigan el obrador se contaminan y enmohecen.
    d. ... en el aire hay bacterias que lo enrancian.

Solucionario 6

Envasado y presentación de productos de panadería y bollería

Solucionario Capítulo 1

1. El deterioro de los productos es algo que...

   a. ... no se puede evitar.
   b. ... el hombre trata de paliar.
   c. ... no afectará a los productos de panadería.
   d. ... no influye a la bollería y pastelería.

2. El cartón utilizado como elemento de envasado, permite el desarrollo de:

   a. Envases traslúcidos
   b. Envases estancos y herméticos
   c. Envases químicamente inalterables
   d. Envases ligeros

3. La madera, como material de envasado, es:

   a. Reciclable
   b. Mecánicamente resistente
   c. Muy degradable
   d. Todas las opciones son correctas.

4. Las funciones del envase, además de la protectora-contenedora y la de barrera, son:

   a. Diferenciación, posicionamiento y anuncio.
   b. Diferenciación postura y soporte.
   c. Diferenciación, posicionamiento y soporte.
   d. Distinción, posicionamiento y soporte.

5. Los factores que determinan el proceso de cierre del envase son:

   a. Dos: temperatura y aspecto final del producto.
   b. Cuatro: porcentaje de aire, temperatura, oxígeno y aspecto final.
   c. Tres: tamaño, textura y volumen.
   d. Cinco: color, textura, flexibilidad, volumen y uso.

6. Los métodos de trabajo en el llenado son:

    a. ***Skin*, blíster, vacío y aséptico.**
    b. *Skin*, blíster y vacío. Aséptico es el ambiente, no el recipiente.
    c. *Skin*, blíster y vacío.
    d. *Skin*, blíster y aséptico.

7. Los equipos de llenado y cierre pueden situarse...

    a. ... solo *online*.
    b. ... solo *offline*.
    c. ... *online* u *offline*.
    d. ... en paralelo.

Solucionario Capítulo 2

1. **¿Qué artículos de los siguientes asociados al Real Decreto 1334/1999, de 31 de julio siguen vigentes?**

   a. El artículo 12. Lote
   b. El artículo 18. Lengua en el etiquetado
   c. El artículo 4. Alérgenos
   d. Las opciones a y b son correctas.

2. **La aplicación del etiquetado es:**

   a. Voluntaria y conforme a lo dictado por ENAC.
   b. Voluntaria en las leyes alimentarias de todos los países.
   c. Obligatoria por normativa.
   d. Obligatoria solo en los casos en los que el producto suponga un riesgo para la salud.

3. **Los productos marcados en su etiquetado con fecha de congelación indican:**

   a. El plazo máximo en el que el producto congelado debe ser consumido.
   b. El día, mes y año en el que el producto ha sido congelado.
   c. Una prorroga de tres años desde su envasado.
   d. Que el producto debe ser consumido sin previa descongelación.

4. **¿Cuántos tipos de códigos se pueden encontrar en una caja de bollería-panadería?**

   a. 1, el que corresponde al producto.
   b. 2, el EAN-12 y el EAN-13, identificativos del producto y de la caja, respectivamente.
   c. 0, los códigos solo hay que ponerlos en los albaranes de pedido.
   d. 2, el EAN-13 y el EAN-14, identificativos del producto y de la caja respectivamente.

5. **Los métodos aplicados para la fijación de la etiqueta son:**

   a. Cable o presilla y adhesivo
   b. Cable y presilla
   c. Presilla y pegamento
   d. Adhesivo

Solucionario Capítulo 3

1. **¿Cuáles de los siguientes factores son empleados para clasificar los envases empleados en el transporte y exposición de productos alimenticios?**

   a. Color y composición.
   b. Color, composición e interacción con el alimento.
   c. Material y función.
   d. Interacción con el alimento y reutilización.

2. **¿Cuáles de los siguientes factores puede decirse que son criterios para valorar la función del embalaje?**

   a. Reutilizable.
   b. Reutilizable y calentable.
   c. Contenedor, reutilizable y calentable.
   d. Todas las opciones son incorrectas.

3. **El poliespán es...**

   a. ... un tipo de cartón.
   b. ... un polímero del espán.
   c. ... un tipo de plástico derivado del propileno (PP).
   d. ... un plástico derivado del poliestireno.

4. **De las siguientes afirmaciones, diga cuál es verdadera o falsa.**

   a. Los equipos de embalaje se clasifican en manuales, semiautomáticos y automáticos.

   ☑ **Verdadero**
   ☐ Falso

   b. Los equipos de embalar se clasifican en función de la naturaleza del alimento, así como de la calidad del adhesivo.

   ☐ Verdadero
   ☑ **Falso**

c. El rotulado no infiere en la opinión del consumidor, por tanto, no se relaciona como método o técnica de *marketing*.

☐ Verdadero
☑ **Falso**

Solucionario Capítulo 4

1. ¿Cuál de los siguiente materiales es uno de los más indicados para la fabricación de vitrinas y expositores pudiendo entrar en contacto con los alimentos?

   a. Madera
   b. Aluminio
   c. Acero inoxidable
   d. Vidrio y cerámica

2. En panadería, un expositor debe tener obligatoriamente...

   a. ... sistema de frío.
   b. ... sistema de iluminación.
   c. ... baldas de iluminación.
   d. Todas las opciones son incorrectas.

3. La publicidad en el ámbito de la panadería y bollería en el punto de venta...

   a. ... refleja cada día más complejidad, pudiendo hacer uso de cartelería, luminosos, etc.
   b. ... se relaciona con el uso exclusivo de carteles anunciadores en las vitrinas expositoras.
   c. ... queda prohibida según normativa vigente.
   d. ... minimiza las ventas, no siendo una buena herramienta de *marketing.*

4. Los principales soportes publicitarios son:

   a. Carteles, luminosos, pantallas y otros.
   b. Carteras, luminosos, pantallas y otros.
   c. Carteles, luminosos, displays y otros.
   d. Carteles, luminarias, displays y otros.

5. Un producto gancho es...

   a. ... un producto de muy baja calidad y precio.
   b. ... aquel que hace que el consumidor compre un segundo producto.
   c. ... un instrumento de venta que justifica el alto precio de otro de los productos dispuestos para la venta.
   d. ... el que incluye un etiquetado completo de las propiedades nutricionales, fechas de consumo, etc.

6. ¿Qué se debe utilizar para montar un escaparate?

    a. La información sobre los gustos de los clientes.
    b. Artículos de oferta.
    c. Productos loteados.
    d. Todas las opciones son incorrectas.

7. ¿Cuántos y cuáles son los parámetros que rigen al escaparatismo?

    a. Dos: la imagen y la luz.
    b. Tres: físicos, psicológicos y de posicionamiento.
    c. Cuatro: la imagen, la luz, el color y la textura.
    d. Cuatro: morfológicos, físicos, psicológicos y de posicionamiento.

Solucionario 7

Seguridad e higiene en un obrador de panadería y bollería

 Solucionario Capítulo 1

1. ¿Cuál es la normativa a aplicar en las instalaciones de manipulación de alimentos?

    a. El Real Decreto 2207/1995, de 28 de diciembre.
    b. El Reglamento (CE) nº 852/2004.
    c. El Real Decreto 202/2000, de 11 de febrero.
    d. El Reglamento (CE) nº 853/2004.

2. Las instalaciones de panadería y bollería...

    a. ... tendrán unas superficies mínimas dependiendo del tipo de alimentos.
    b. ... se diseñarán según las condiciones ambientales.
    c. ... permitirán unas prácticas de higiene alimentaria correctas, incluida la protección contra la contaminación y, en particular, el control de las plagas.
    d. ... dispondrán de habitáculo cercano para los desperdicios.

3. El acceso a la zona de trabajo en el obrador tendrá...

    a. ... las puertas correderas con aislantes de goma.
    b. ... las ventanas abiertas para realizar la ventilación.
    c. ... pasillos para almacenar los productos en el proceso continuo.
    d. ... las puertas fáciles de limpiar y, en caso necesario, de desinfectar, lo que requerirá que sus superficies sean lisas y no absorbentes.

4. Los alimentos de panadería pueden ser...

    a. ... un excelente medio de crecimiento de bacterias y microorganismos que transmitan enfermedades a las personas, produciendo intoxicaciones alimentarias.
    b. ... manipulados con la higiene adecuada al nivel de importancia.
    c. ... de diferentes calidades, dependiendo del precio final.
    d. ... muy buenos para la alimentación humana y no pueden propagar enfermedades si se han cocido bien.

5. Rellene los huecos de la siguiente oración.

La **limpieza** elimina cualquier tipo de suciedad de las **superficies** de trabajo, pero no incluye los **microorganismos** presentes. **La desinfección** es a una escala mayor e incluye la destrucción de los microorganismos y **gérmenes** nocivos, evitando a la vez su **desarrollo**.

6. Relacione las fases de limpieza y desinfección a realizar con la operación principal de cada fase.

    a. Limpieza inicial.
    b. Limpieza principal.
    c. Enjuagado.
    d. Desinfección.
    e. Aclarado final.
    f. Secado.

    f. Eliminar el agua presente.
    d. Eliminar las bacterias.
    c. liminar la grasa disuelta.
    e. Eliminar el desinfectante.
    a. Raspar la suciedad visible.
    b. Separar grasa y suciedad.

7. Indique si las siguientes afirmaciones son verdaderas o falsas:

    a. La limpieza se realizará con métodos físicos como cepillos y fregones y por métodos químicos como detergentes verificados para uso alimentario.

        ☑ **Verdadero**
        ☐ Falso

    b. En la limpieza automática se realizan sólo operaciones de limpieza y aclarado final.

        ☐ Verdadero
        ☑ **Falso**

c. Los túneles de limpieza CIP realizan la limpieza sin ser necesario el desmontaje del equipamiento.

☑ **Verdadero**
☐ Falso

d. La desinfección por calor no es muy recomendable, ya que se desarrollan más fácilmente los microorganismos.

☐ Verdadero
☑ **Falso**

e. El Plan diario de limpieza es un método que garantiza la correcta limpieza y desinfección de las instalaciones.

☐ Verdadero
☑ **Falso**

8. **Realice un esquema de las principales plagas que nos podemos encontrar en las instalaciones de panadería y bollería.**

1. Rodedores:

▌ Mus musculus (ratón.)
▌ Rattus norvegius (rata).
▌ Rettus rattus (rata).

2. Insectos:

▌ Cucarachas.
▌ Insectos voladores:

▌ Mosca de la fruta.
▌ Mosca doméstica.
▌ Insectos de almacén.

3. Pájaros.

9. **Describa los métodos y las operaciones de desinsectación a realizar en un obrador de panadería y bollería.**

Mantener el aislamiento en las zonas de trabajo, por medio de puertas y ventanas cerradas, será el método más eficaz para el control de las plagas de insectos.

Métodos físicos, como mosquiteras en los accesos exteriores, asegurarán este aislamiento. También las lámparas ultravioleta atraen los insectos y los eliminan con descargas eléctricas.

Se pueden utilizar también ultrasonidos.

Métodos químicos. Hay que tener un extremo cuidado con las fumigaciones, ya que son peligrosas para los humanos, y pueden llegar a formar parte de los alimentos, contaminándolos. Se realizarán siempre por expertos y con tiempos prudenciales de aplicación.

10. **El pictograma representado por una llama sobre una línea horizontal, es utilizado para identificar...**

       a. **...un producto inflamable.**
       b. ...un gas a presión.
       c. ...un producto explosivo.
       d. ... un producto corrosivo.

Solucionario Capítulo 2

1. **Las bacterias patógenas son aquellas que...**

    a. ... se encuentran en los alimentos que manipulamos.
    b. ... son buenas para el metabolismo de los humanos.
    c. ... afectan gravemente a los humanos. Se encuentran en el intestino humano.
    d. ... se transmiten por contacto con las heces.

2. **Relacione cada foco de transmisión de bacterias con los medios a través de los cuales se pueden transmitir las contaminaciones.**

    a. Manipulación en el trabajo.
    b. Utensilios de trabajo.
    c. Salud en el manipulador.
    d. Agua.
    e. Operaciones de limpieza.
    f. Plagas.

    e. Polvo y tierra.
    f. Manejo de desperdicios.
    d. No potable.
    b. Restos de operaciones anteriores.
    a. Manos.
    c. Tos, estornudos, hablar.

3. **Complete:**

El **manipulador** deberá mantener en buen estado su **vestimenta** de trabajo, su propia **salud** y unos hábitos de **higiene** personal adecuados para evitar la propagación de **enfermedades** por los alimentos.

4. **En el lavado de manos se realizarán las acciones de...**

    a. ... remangar, mojar, enjuagar, cepillar, frotar, enjuagar, secar.
    b. ... remangar, mojar, frotar, secar.
    c. ... remangar, mojar, enjabonar, frotar, secar.
    d. ... remangar, mojar, cepillar, enjabonar, frotar, mojar, secar.

5. **Las manos después de su lavado deberán secarse...**

    a. ... al aire, evaporándose así el agua.
    b. ... en los paños de limpieza general.
    c. ... en las toallas de papel de un solo uso.
    d. ... en el secador de aire y, si se tarda mucho, en la vestimenta de trabajo.

6. **Los apósitos estériles deberán colocarse en las heridas y serán...**

    a. ... impermeables y de color carne.
    b. ... grandes para evitar la transmisión de los gérmenes.
    c. ... visibles en todo momento e impermeables.
    d. ... de color distinto de la carne e impermeables.

7. **De las siguientes frases, indique cuál es verdadera o falsa.**

    a. El botiquín de primeros auxilios se pondrá en las instalaciones de higiene personal y cerca de los servicios.

        ☐ Verdadero
        ☑ **Falso**

    b. Las enfermedades de obligada declaración son las que el manipulador tiene cuando está enfermo en casa.

        ☐ Verdadero
        ☑ **Falso**

    c. Cuando se produzcan diarreas en el manipulador, este deberá informar inmediatamente a sus superiores y abandonar el trabajo.

        ☑ **Verdadero**
        ☐ Falso

    d. El manipulador no podrá estornudar ni toser aún cuando lleve puesta la protección bucal.

        ☐ Verdadero
        ☑ **Falso**

e. El manipulador después de una herida la limpiará y podrá utilizar guantes adecuados siempre que informe a sus superiores y estos lo permitan.

☑ **Verdadero**
☐ Falso

f. Se tomarán medidas necesarias como el examen médico y la separación temporal del manipulador de las actividades que realiza hasta que su estado de salud sea el adecuado.

☑ **Verdadero**
☐ Falso

8. **Escriba las enfermedades de obligada declaración por el manipulador de alimentos.**

    a. Vómitos, fiebre, enfriamientos.
    b. Hepatitis A.
    c. Faringitis.
    d. Ictericia.
    e. Supuraciones de oído, boca, nariz.
    f. Erupciones cutáneas, quemaduras, heridas infectadas.
    g. Forúnculos.
    h. Otras enfermedades que se pueden transmitir por el agua o por el agua.

9. **Relacione los elementos que pueden estar presentes en el manipulador con las características a tener en cuenta.**

    a. Ropa o uniforme
    b. Cabello, barba y bigote
    c. Anillos, joyas
    d. Heridas
    e. Guantes

    a. De color claro
    e. Con supervisión del superior
    b. Gorra, redecilla
    c. Prohibido
    d. Protección impermeable

10. **Escriba las medidas que habrá de tener en cuenta con la limpieza y mantenimiento de la vestimenta de trabajo.**

    a. Se utilizará solo durante la producción y manipulación de alimentos.
    b. Se deberá cambiar cada día, y cada vez que se encuentre algún foco de contaminación, ya sean manchas, posible contacto con plagas, y en situaciones que hagan pensar en una posible contaminación.
    c. La ropa para la manipulación de alimentos, al ser exclusiva, se mantendrá separada en armarios de la vestimenta de calle, y de la vestimenta también exclusiva de limpieza y desinfección de las instalaciones, equipos y utillajes.
    d. La vestimenta de trabajo se limpiará según las indicaciones y normas de la propia empresa.

Solucionario Capítulo 3

1. **La responsabilidad en cuanto a la formación de los manipuladores es...**

    a. ... de la administración de las comunidades autónomas.
    b. ... del propio manipulador en su puesto de trabajo.
    c. ... de las empresas formadoras, que verificarán su conocimiento.
    d. ... de las empresas productoras de alimentos.

2. **Los gérmenes pueden transmitirse por los alimentos, siendo la situación más peligrosa cuando...**

    a. ... los alimentos están no alterados y contaminados.
    b. ... los alimentos están alterados y contaminados.
    c. ... los alimentos están alterados y no contaminados.
    d. ... los alimentos están no alterados y no contaminados.

3. **Los alimentos se pueden contaminar, en general, de dos maneras:**

    a. Física y químicamente.
    b. Química y biológicamente.
    c. Biológica y físicamente.
    d. De forma directa y de forma indirecta.

4. **Relacione las distintas vías de transmisión indirecta de contaminantes con las causas de esa transmisión.**

    a. Por aerosoles
    b. Por el polvo
    c. Por el agua
    d. Por los alimentos

    d. Uniformes de protección.
    c. Higiene de las manos.
    a. Estornudos encima de los alimentos.
    b. Limpieza de zonas durante la producción.

5. Rellene los huecos de la siguiente oración.

La contaminación **cruzada** se produce cuando se transfieren a través de las **manos** del manipulador, maquinaria y equipos de trabajo, **utillaje** y alimentos en fase de producción, **microorganismos** nocivos para la salud humana.

6. De las siguientes afirmaciones, indique cuál es verdadera o falsa:

a. La contaminación por estafilococo se transmite por estornudar por encima de los alimentos.

☑ **Verdadero**
☐ Falso

b. La salmonela se transmite por una inadecuada limpieza de las uñas en el manipulador.

☐ Verdadero
☑ **Falso**

c. Por la leche y los huevos conservados a temperaturas inadecuadas se puede transmitir la salmonela.

☑ **Verdadero**
☐ Falso

d. La ausencia de oxígeno es la causa principal para la transmisión de la salmonela.

☐ Verdadero
☑ **Falso**

e. Los envases mal realizados pueden transmitir tras su consumo la enfermedad del botulismo.

☑ **Verdadero**
☐ Falso

f. Una de las medidas más correctas para evitar las contaminaciones por gastroenteritis es la higiene personal en el manipulador.

☑ **Verdadero**
☐ Falso

7. **Relacione los distintos métodos de conservación de alimentos con las características al realizarlas.**

a. Pasteurización
b. Uperización
c. Enlatado
d. Ahumado
e. Encurtido
f. Congelación

f. Se realiza a temperaturas por debajo de 0 °C.
b. Elevación de Tª a 140 °C durante 2 o 3 segundos.
e. Disolución de agua, sal y vinagre.
c. Calentamiento y vacío de aire.
d. Deshidratado del alimento con sal.
a. Elevación de Tª a 72 °C durante 15 segundos.

8. **Las alergias alimentarias se producen debido a...**

a. ... la ausencia de lactancia materna en la infancia.
b. **... una reacción del sistema inmunológico del cuerpo.**
c. ... que la leche es un producto muy indigesto.
d. ... que los alimentos se han procesado sin conservación al vacío.

9. **Los métodos físicos de eliminación de alérgenos incluyen...**

a. ... radiaciones de rayos X.
b. ... campos electrodinámicos.
c. **... calor y altas presiones.**
d. ... bajas presiones y vapor.

10. Describa los tres niveles para gestionar las intoxicaciones alimentarias.

I. Alertas para impedir que el consumidor pueda acceder a cualquier producto alimentario que produzca una intoxicación y, por tanto, un grave riesgo para su salud. Intervendrán en este nivel las comunidades autónomas cuando se crea que existe un grave riesgo para la salud en ese momento o en breve espacio de tiempo.

II. Informaciones y notificaciones sobre riesgos que no son graves y que no llegan a extenderse a nivel nacional.

III. Comunicaciones de rechazos de productos provenientes de otros países, detectados en los puntos de inspección fronteriza, que sirven para que por las fronteras de la Unión Europea no se permita el paso de alimentos que no cumplan con las especificaciones de calidad y sanidad exigidas.

Solucionario Capítulo 4

1. ¿Qué significan las siglas APPCC?

    a. Análisis de problemas de precios en las comidas caseras.
    b. Análisis de productos y puntos de control crítico.
    c. Análisis de peligros y puntos de control críticos.
    d. Análisis de puntos y peligros de control crítico.

2. La implantación del sistema APPCC permite...

    a. ... exorar a la empresa de inspecciones sanitarias.
    b. ... imponer precios más altos a los productos obtenidos.
    c. ... una menor competitividad, por lo que se descarta en pequeñas industrias.
    d. ... la prevención de riesgos de tipo físico, químico y biológico en los alimentos.

3. Relacione los planes previos a la implantación de los sistemas de APPCC con la opción que le corresponda.

    a. Documentos de fichas.
    b. Formación de los trabajadores.
    c. Identificación y trazabilidad.
    d. Condiciones de calidad.
    e. Diario de trabajo.

    d. Homologación de proveedores.
    c. Evitar problemas futuros.
    b. Manipulación alimenticia.
    e. Limpieza y desinfección.
    a. Control de plagas.

4. Rellene los huecos de la siguiente oración.

Para el estudio de los **peligros**, existen métodos que tienen en cuenta el Índice de **criticidad** en el que se realiza una valoración en cada una de las fases del **proceso** en cuanto a la probabilidad, la **influencia** y el mantenimiento de los peligros.

5. Se enuncian los siete principios del Sistema de autocontrol APPCC. Diga cuál es verdadero o falso.

    a. Realizar un estudio de los peligros.

        ☐ Verdadero
        ☑ **Falso**

    b. Determinar los puntos críticos de control (PCC).

        ☑ **Verdadero**
        ☐ Falso

    c. Establecer un límite o límites críticos.

        ☑ **Verdadero**
        ☐ Falso

    d. Realizar órdenes de vigilancia de los PCC.

        ☐ Verdadero
        ☑ **Falso**

    e. Establecer las medidas correctivas que han de adoptarse cuando la vigilancia indica que un determinado PCC no está controlado.

        ☑ **Verdadero**
        ☐ Falso

    f. Establecer vigilancias para confirmar que el sistema de APPCC funciona bien.

        ☐ Verdadero
        ☑ **Falso**

    g. Establecer un sistema de documentación sobre todos los procedimientos y los registros apropiados para estos principios y su aplicación.

        ☑ **Verdadero**
        ☐ Falso

6. **Para la verificación de que el sistema APPCC funciona eficazmente, se recurrirá a...**

    a. ... auditorías internas en la propia empresa.
    b. ... controles y análisis de las instalaciones del obrador por parte de empresas externas.
    c. ... auditorías externas a la empresa.
    d. ... la comprobación de que los planes previos se han cumplido.

7. **Para la formación del equipo APPCC, uno de los puntos a tener en cuenta será:**

    a. La definición de un organigrama de los que lo forman.
    b. La experiencia en años de los manipuladores.
    c. El peligro de que puedan aparecer contaminaciones en los procesos.
    d. El nivel de conocimientos de los empleados en la industria.

8. **Identifique la definición de trazabilidad en la industria alimentaria según el Reglamento (CE) nº 178/2002:**

    a. La facilidad de encontrar el rastro de un alimento desde su origen hasta la venta y consumo final.
    b. El camino diseñado que tienen que seguir los alimentos desde la recepción de las materias primas hasta la cocción final.
    c. El organigrama que nos indica todas las fases y etapas en la recepción, fabricación y venta de un producto alimenticio destinado al consumo humano.
    d. La posibilidad de encontrar y seguir el rastro, a través de todas las etapas de producción, transformación y distribución, de un alimento.

9. **Identifique algún límite crítico para los PCC en la fabricación de pan:**

    a. Nivel mínimo de 0,05 ppm de cloro residual en el agua.
    b. Temperatura mínima de 160 °C en la cocción de los productos.
    c. Humedad de la harina superior al 15 %.
    d. Conservación a 5 °C las levaduras en el refrigerador.

10. **Enumere las normas voluntarias relativas al sector alimentario, detallando brevemente los beneficios más importantes de cada una de ellas.**

Norma UNE-EN ISO 9001

Refuerza el contacto con el cliente y su satisfacción.
Atiende las reclamaciones.
Mejora la organización interna de la empresa.

Analiza los costes de la no calidad.
Eleva la competitividad de la empresa.

La norma BRC *(British Retail Consortium)*

Reconoce a nivel mundial los requisitos de seguridad.
Detecta errores en la seguridad.
Realiza medidas de corrección adecuadas para evitar la repetición.

La norma IFS *(International Food Standard)*

Mejora la seguridad alimentaria y la confianza de los consumidores.
Evalúa a nivel mundial a todos los proveedores.
Reúne en un mismo punto el control de la calidad y la seguridad alimentaria.

La norma UNE-EN ISO 22000

Incrementa la gestión de la calidad.
Armoniza las demás normas APPCC, BRC e IFS.
Aumenta la confianza de los clientes.
Permite la apertura de nuevos mercados.
Reduce el número de auditorías.

Solucionario Capítulo 5

1. La legislación ambiental para la industria alimentaria...

    a. ... es de carácter voluntario y se aplica según las normas UNE-EN-ISO.
    b. ... es obligatoria y con grandes multas económicas si no se aplica.
    c. ... se basa en el Reglamento 1836/1993 y es de carácter voluntario.
    d. ... se basa en un Reglamento (CE) y se aplica según las normas EN-ISO-14001.

2. Dos de los tres métodos de ahorro en el consumo energético son:

    a. Regulación de tiempos y control de los procesos.
    b. Acudir a las energías renovables y apagar las luces cuando no son necesarias.
    c. Reducir la energía necesaria y controlar los tiempos de consumo en los procesos.
    d. Utilizar gas natural, en vez de petróleo, y utilizar la cogeneración.

3. Relacione las formas de captación de las energías renovables generadas por el Sol con la opción que le corresponda.

    a. Biomasa.
    b. Central solar térmica.
    c. Células solares.
    d. Aerogeneradores.
    e. Sistemas arquitectónicos pasivos.

    d. Energía solar indirecta.
    e. Energía solar directa.
    b. Captación térmica.
    a. Captación fotoquímica.
    c. Captación fotónica.

4. Rellene los huecos de la siguiente oración.

El uso de la energía almacenada en la **biomasa** se renovará siempre que se replanten tantos **árboles** como los utilizados. De esta manera no se alterará la cantidad total de CO_2 que existe en la **atmósfera**.

5. Los residuos sólidos urbanos (RSU)...

    a. ... son recogidos por los ayuntamientos en contenedores especiales.
    b. ... se recogen en los llamados puntos verdes para reciclarlos.
    c. ... no generan residuos tóxicos para la atmósfera si se reciclan.
    d. ... se deben incinerar junto con los tóxicos y peligrosos.

6. Clasifique los tipos de desperdicios según el color del contenedor que le corresponda.

Tipos de desperdicios

    a. Papel
    b. Restos orgánicos
    c. Cartón
    d. Envases y botes
    e. Cerámica
    f. Plástico
    g. Vidrio
    h. Brick

Verde	Amarillo	Azul	Marrón	Gris
Vidrio	Envases y botes Plástico Brick	Papel Cartón	Restos orgánicos	Cerámica

7. Diga cuál de las siguientes afirmaciones es verdadera o falsa.

    a. Los humos que produce la leña utilizada en los hornos de cocción no contaminan al ser procedentes de la biomasa.

        ☐ Verdadero
        ☑ **Falso**

b. El nivel de contaminación atmosférica de las industrias está directamente relacionado con el volumen de producción.

☐ Verdadero
☑ **Falso**

c. La recogida selectiva de basuras facilita en gran parte el reciclado.

☑ **Verdadero**
☐ Falso

d. La incineración de los residuos tóxicos y peligrosos puede generar más problemas a la población que si no se incineran.

☑ **Verdadero**
☐ Falso

e. Ecoembes, S. A. es una empresa sin ánimo de lucro que realiza la recogida y recuperación de envases y residuos de embalajes para su posterior reciclado.

☑ **Verdadero**
☐ Falso

f. Las estaciones depuradoras permiten el reciclado de los líquidos industriales para utilizarlos luego en el consumo humano.

☐ Verdadero
☑ **Falso**

g. El compostaje de los RSU permite una reutilización como abono para la agricultura.

☑ **Verdadero**
☐ Falso

8. **Rellene los huecos de la siguiente oración.**

El **punto verde** es el símbolo que identifica los envases que están dentro del Sistema **SIG**, y sirve para informar a los **consumidores** de que se cumplen los puntos exigidos en el **Real Decreto 1055/2022**, de 27 de diciembre, de envases y residuos de envases.

9. Explique el orden de actuación de las acciones de la llamada regla de las 3 R y escriba una definición y explicación de cada una de ellas.

La regla de las 3 R propone realizar tres acciones ordenadas para llevar a cabo un control en la producción y el consumo de materias primas que se agotarán. Reducir, Reutilizar, Reciclar.

Reducir
Más allá de la definición de "volver algo al lugar donde antes estaba o al estado que tenía", se debe analizar si se necesitan utilizar grandes envoltorios, bolsas de plástico para la compra, papel de usar y tirar, papel de aluminio.

Reutilizar
"Utilizar algo, ya sea con la función que desempeñaba anteriormente o bien con otros fines". Con esta clara definición, el reutilizar es dar otra vida a los productos de forma que se reduzca la producción de desechos y por tanto de basura.

Reciclar
"Someter un material ya utilizado a un nuevo proceso para que se pueda volver a utilizar". En la fabricación industrial de nuevos productos se emplean grandes cantidades de energía calorífica en hornos, electricidad en las instalaciones, agua para procesos y para la limpieza, combustibles fósiles como carbón, petróleo y gas natural.

El reciclado de materiales se ha convertido en la llamada "minería del futuro", empleando recursos en dar nuevas vidas a materiales de desecho de los consumidores.

10. Los criterios microbiológicos aplicables a los productos alimenticios están expresados en...

    a. ... **el Reglamento (CE) nº 2073/2005 de la Comisión de 15 de noviembre.**
    b. ... los procedimientos basados en los principios del sistema APPCC y otros de control de la higiene.
    c. ... los planes de limpieza y desinfección de los obradores de panadería y bollería.
    d. ... el Reglamento (CE) nº 1221/2009 del Parlamento Europeo y del Consejo de 25 de noviembre (EMAS).

Solucionario Capítulo 6

1. **Relacione la ley y reales decretos que afectan a las condiciones laborales con los temas que se muestran.**

   a. Ley 31/1995.
   b. Real Decreto 486/1997.
   c. Real Decreto 2267/2004.
   d. Real Decreto 1644/2008.
   e. Real Decreto 1215/1997.
   f. Real Decreto 773/1997.

   b. Lugares de trabajo.
   e. Equipos de trabajo.
   a. Seguridad laboral.
   c. Protección contra incendios.
   d. Maquinaria.
   f. EPI.

2. **Rellene los huecos de la siguiente oración.**

   El accidente de **trabajo**, en su definición legal, es "toda lesión **corporal** que el trabajador sufra con ocasión o por **consecuencia** del trabajo que ejecute por cuenta **ajena**".

3. **De las siguientes afirmaciones, diga cuál es verdadera o falsa:**

   a. Los edificios en los que se encuentran los lugares de trabajo deberán poseer las estructuras y la solidez apropiadas a su tipo de utilización para evitar los riesgos derivados de los agentes atmosféricos.

      ☑ **Verdadero**
      ☐ Falso

   b. Los suelos han de ser lisos, no resbaladizos y de fácil limpieza y, en el supuesto de que tuviesen rampas, estas no pueden tener una pendiente superior al 15 %.

      ☐ Verdadero
      ☑ **Falso**

c. La electricidad estática en panaderías y bollerías puede causar un fuego o una explosión en caso de atmósfera inflamable y una carga eléctrica instantánea.

☑ **Verdadero**
☐ Falso

d. La iluminación de los centros de trabajo será preferentemente artificial y en algún caso se dispondrá de la iluminación natural que resulte apropiada a la actividad productiva.

☐ Verdadero
☑ **Falso**

e. En las operaciones de limpieza, en el caso de las industrias alimentarias, los desechos se retirarán y eliminarán de forma rápida, para evitar cualquier tipo de contaminación.

☑ **Verdadero**
☐ Falso

f. El corte de la energía eléctrica por medio del interruptor magnetotérmico protege a las personas cuando el trabajador entra en contacto, de manera directa o indirecta, de forma accidental.

☐ Verdadero
☑ **Falso**

g. El trasvase de productos tóxicos de un recipiente a otro se realizará evitando el chorro al aire, utilizando conectores convenientes como gomas y embudos, con ventilación suficiente para evitar la inhalación y la ingesta.

☑ **Verdadero**
☐ Falso

4. **Los factores que determinan una enfermedad profesional son:**

a. **La concentración de un agente contaminante en el ambiente de trabajo.**
b. La temperatura de exposición del agente contaminante.
c. Las características profesionales de cada individuo.
d. La persistencia e inocuidad de varios agentes contaminantes a la vez.

5. **Los factores que intervienen en la generación y mantenimiento del fuego son:**

    a. Calor, reacción en cadena y combustible.
    b. Combustible, comburente y energía de activación.
    c. Reacción en cadena, calor y oxígeno.
    d. Reacción en cadena, combustible y comburente (oxígeno).

6. **Enumere los tipos de equipos de protección individual (EPI) y escriba un ejemplo práctico de cada uno de ellos.**

EPI de protección parcial en los que el riesgo se encuentra en unas determinadas partes y zonas del cuerpo.

- De la cabeza ——► Casco de seguridad. Para objetos que puedan caer desde arriba o lateralmente.
- De la cara ——► Máscaras protectoras. Para salpicaduras o luces intensas en la soldadura.
- De los ojos ——► Gafas protectoras. Para salpicaduras.
- De los oídos ——► Cascos de insonorización. Para sonidos de alta intensidad y/o frecuencia.
- De la boca ——► Mascarillas. Para no ingerir gases o productos pulverulentos.
- Del tronco ——► Delantales. Para proteger de salpicaduras en las soldaduras o productos químicos y peligrosos.
- De los brazos y manos ——► Guantes. Para cortes, quemaduras, salpicaduras.
- De las piernas y pies ——► Zapatos de seguridad, rodilleras. Para evitar daños en caídas de objetos, posturas de rodillas, salpicaduras.

EPI de protección integral en los que el riesgo se encuentra en varias partes del cuerpo y se requiere una mayor protección para todo el organismo.

- Equipos autónomos ——► De respiración. Para atmósferas venenosas, inmersiones acuáticas, trabajos en altitud.
- Ropa de trabajo ——► Batas, monos de trabajo, uniforme. Adaptada a cada actividad.
- Cinturones y arnés ——► Trabajos en altura, en fachadas o salvamentos de todo tipo.

7. **El Plan de emergencias debe tener siempre tres fases de actuación, que además se han de realizar en el orden indicado:**

    a. Avisar, actuar, evacuar.
    b. Proteger, alertar, socorrer.
    c. Socorrer, alertar, evacuar.
    d. Evacuar, socorrer, alertar.

8. **Escriba las instrucciones que deberán seguir los trabajadores, con arreglo a su formación, dichas por los empresarios.**

Usar adecuadamente, de acuerdo con su naturaleza y los riesgos previsibles, las máquinas, aparatos, herramientas, sustancias peligrosas, equipos de transporte y, en general, cualesquiera otros medios con los que desarrollen su actividad.

Utilizar correctamente los medios y equipos de protección facilitados por el empresario, de acuerdo con las instrucciones recibidas de este.

No poner fuera de funcionamiento y utilizar correctamente los dispositivos de seguridad existentes o que se instalen en los medios relacionados con su actividad o en los lugares de trabajo en los que ésta tenga lugar.

Informar de inmediato a su superior jerárquico directo, y a los trabajadores designados para realizar actividades de protección y de prevención o, en su caso, al servicio de prevención, acerca de cualquier situación que, a su juicio, entrañe, por motivos razonables, un riesgo para la seguridad y la salud de los trabajadores.

Contribuir al cumplimiento de las obligaciones establecidas por la autoridad competente con el fin de proteger la seguridad y la salud de los trabajadores en el trabajo.

Cooperar con el empresario para que éste pueda garantizar unas condiciones de trabajo que sean seguras y no entrañen riesgos para la seguridad y la salud de los trabajadores.

9. **Escriba un índice de los pasos a seguir para redactar un plan de emergencia y evacuación.**

    ▌ 1. Introducción.
    ▌ 2. La localización y descripción del centro de trabajo.
    ▌ 3. El análisis de riesgos previsibles: localización y evaluación de los mismos.
    ▌ 4. El riesgo de incendio.

❙ 5. Las medidas de prevención y protección.

    a. Señales acústicas.
    b. Acceso a llaves.
    c. Iluminación de emergencia.
    d. Señalizaciones y vías de evacuación.
    e. Medios de extinción de incendios.
    f. Establecimiento de contacto con servicios externos.
    g. Formación e información.
    h. Mantenimiento del plan.

❙ 6. El procedimiento de evacuación.

    a. Normas de evacuación.
    b. Coordinadores y encargados de la evacuación.

❙ 7. Anexos.

    a. Planos de las instalaciones de la empresa y situación de cada máquina y vías de evacuación.
    b. Estructura del informe de los resultados del simulacro de evacuación.
    c. Ficha de seguimiento y mantenimiento del plan.
    d. Relación de números de teléfono de emergencia.
    e. Carteles informativos y explicativos.

❙ 8. Conclusión y propuesta de medidas de mejora.